야구를 사랑하는 사람들에게

볼수록 만만한 야구

볼수록 만만한 야구

2010년 5월 4일 초판 1쇄 인쇄
2013년 11월 29일 초판 5쇄 발행

지은이 | 김윤정
그린이 | EMJ디자인
펴낸이 | 장진혁

펴낸곳 | 형설라이프
주소 | 경기도 파주시 교하읍 문발리 526-4
전화 | (031) 955-2336~9 (031) 955-2361
팩스 | (031) 955-2341
등록 | 제300-2007, 98호, 2007.6.4
홈페이지 | www.hslife.co.kr

ISBN 978-89-92984-69-0 (03690)

* 잘못된 책은 교환해 드립니다.

값 10,000원

만만한 복수록 야구

지은이 김윤정 | 그린이 EMJ디자인

형설 Life

작가의 말

어린 시절, 유난히 야구를 좋아했던 저는 친구들이 연예인 기사 스크랩하고 있을 때 야구 관련 기사 스크랩하고 있었고, 친구들이 배구 선수나 농구 선수에게 팬레터 쓰고 있을 때 야구 선수에게 수도 없는 팬레터를 쓰곤 했습니다.

오죽하면 한 야구팀이 팬 서비스를 위해 만든 홍보책자에 저의 팬레터가 실릴 정도였지요.

야구는 양면의 얼굴을 가지고 있습니다. 지루하다고 생각하는 사람에게는 한없이 지루하지만 흥미롭게 지켜보는 사람에게는 야구만큼 긴장되고 박진감 넘치는 스포츠가 없답니다. 그 차이는 바로 야구 용어를 얼마나 알고 있느냐가 결정하지요. 타자들의 몸짓 하나하나가 어떤 작전이나 규칙에 의해 움직인다는 사실을 알고 계세요? 또 투수들이 던지는 공이 다 같아 보이지만 공을 잡는 방법, 공이 나아가는 방향, 공이 움직이는 속도 등에 따라 수도 없이 많은 구질로 나뉜다는 사실을 알고 계세요? 그걸 알고 있다면 야구가 재미있을 테고, 그것을 모르면 야구는 한없이 지루할 거예요.

이 책은 야구를 몰라 야구를 즐길 줄 모르는 야구 초보자를 위한 책

입니다. 그것을 감안하여 최대한 쉽고 간단하게 게임 룰과 용어들을 정리했습니다.

아이부터 어른까지, 야구에 대해 알고 싶지만 어디에서부터 시작해야 할지 모르는 초보팬이라면 이 책을 적극 추천합니다. 이 책에 나오는 것만큼만 알아도 야구를 즐길 줄 아는 진정한 마니아가 될 수 있기 때문입니다. 야구는 가족과 함께, 연인과 함께 즐길 수 있는 가장 좋은 스포츠 게임입니다. 이 책을 통해 야구에 한 발 더 가까이 다가갈 수 있는 계기가 될 수 있기를 기대합니다.

김윤정

차 례

야구 경기를 관람할 때 지켜야 할 에티켓

★ 야구 관람 시 흥분하여 소리를 지르거나, 악을 쓰지 않는다.

관중은 선수들을 존중하며 응원해야 한다. 흥분하여 소리 지르거나 악을 쓰면 옆에서 관람하는 사람에게 피해를 주게 된다.

★ 자리를 예약할 때는 자신이 응원하는 팀이 홈팀인지, 원정팀인지 확인한다.

대다수의 구장에서 홈팀 응원석은 1루 측에, 원정팀 응원석은 반대편에 있다. 하지만 목동구장과 대구구장은 홈팀과 원정팀 응원석이 뒤바뀌어 있으므로 자리 예약 전 응원석 위치 확인은 필수이다.

★ 선수를 향해 물건을 던지거나, 심한 욕을 퍼부어서는 안 된다.

선수들은 관중을 위해 최선의 게임 서비스를 하고 있다. 선수들이 설령 자신이 원하는 게임을 풀어가지 못한다고 해서 함부로 물건을 던지거나 그라운드에 난입하면 안 된다. 심하면 형사 처벌을 받을 수도 있다.

★ 의자에 올라서서 관람하거나 응원해서는 안 된다.

경기가 최고조에 이르렀다고 해서 의자에 올라서서 응원해서는 안 된다. 의자에 올라서면 뒷좌석에 앉는 관중에게 피해를 주게 된다.

★ 흡연은 지정 장소에서만 한다.

야구장은 수만 명이 함께 경기를 관람하는 공공장소이다. 더욱이 초등학생을 비롯한 수많은 청소년이 함께 있다. 여름날 뜨거웠던 해가 진 뒤 선선한 밤 공기를 마시며 쾌적하게 관람해야 할 장소에서 담배를 피우는 것은 올바른 관람 태도가 아니다.

★ 쓰레기를 함부로 버려서는 안 된다.

야외 경기장의 특성상 야구장에서는 간단한 군것질거리와 음료를 판매한다. 이 때문에 발생하는 쓰레기로 경기가 끝난 후 야구장은 쓰레기장을 방불케 한다. 또한 지나친 음주는 자신뿐만 아니라 주위의 관중에게도 해가 되니 삼가야 한다.

08:30

1

홍진초등학교 야구부

"이크, 늦었다!"

반쯤 감긴 눈으로 시계를 들여다본 브라보는 화들짝 놀라 소리쳤다. 이미 시계 바늘은 8시를 지나 9시를 향해 부지런히 움직이고 있었다. 브라보는 부랴부랴 옷을 갈아입으며 화장실로 향했다. 밥은 못 먹더라도 세수 정도는 하고 가는 게 전학생의 기본예절이라는 생각 때문이었다.

"엄마, 왜 안 깨워 주셨어요? 전학 온 첫날부터 지각하게 생겼잖아요."

세수와 양치질을 마친 브라보가 부엌에 있는 엄마에게 원망을 쏟아놓았다. 고양이 세수를 한 덕분에 얼굴에는 여전히 눈곱이 덕지덕지 끼어 있고 침 자국도 그대로였다. 그런데 부엌의 분위기가 심상치 않았다. 이미 8시가 넘은 시간이었는데 아빠, 엄마와 바비가 즐겁고 여유롭게 식탁에 앉아 샌드위치를 먹고 있는 것이었다.

"혹시 오늘 일요일이에요? 아빠는 왜 아직 출근 안 하셨어요? 바비, 너는 왜 아직 학교 안 갔니? 아하! 오늘은 다들 지각하기로 작정한 거구나."

갑자기 바비가 킥킥거리기 시작했다. 브라보는 의심의 눈초리로 바비를 노려보았다. 평소와는 다른 집안 분위기는 바비와 관계가 있는 게 분명했다.

"미안해. 오늘 네가 늦잠 잘 게 뻔해서 내가 시계를 1시간 일찍 맞춰 놨어. 사랑하는 오빠가 전학 첫날부터 지각하는 모습을 차마 볼 수 없어서 말이야."

"뭐야! 바비 너, 내가 얼마나 놀랐는지 알아?"

브라보는 놀란 가슴을 쓸어내리며 식탁에 앉았다. 그러고는 자기 몫의 샌드위치를 홀딱 해치웠다. 지각을 하지 않은 건 정말 다행이었지만, 이번에도 쌍둥이 여동생 바비에게 골탕을 먹었다는 생각 때문에 샌드위치에서 아무 맛도 느껴지지 않았다.

한바탕 소란을 치르고 나서 브라보와 바비는 학교로 향했다. 전학 첫날이라 오늘은 특별히 엄마와 함께였다. 아직 분이 풀리지 않은 브라보는 등굣길 내내 바비에게 한마디도 걸지 않았다. 바

비는 괜스레 브라보를 쿡쿡 찌르며 따라갔지만, 브라보는 대꾸도 하지 않고 땅만 보고 걸었다.

"와, 학교가 보인다!"

그제야 브라보는 고개를 들어 바비가 손가락으로 가리키는 곳을 쳐다보았다. 순간 브라보는 얼굴이 환해졌다. 정말 홍진초등학교가 저 멀리 보이는 것이었다. 브라보의 얼굴이 활짝 피는 것을 발견한 바비는 때를 놓치지 않고 얼른 끼어들었다.

"너, 진짜 홍진초등학교 야구부에 들어갈 거야?"

"또 너라고 불렀어? 정말 눈물 나게 혼이 나 봐야 그 버릇 고칠래? 또 한 번만 너라고 불렀다간 가만 안 둘 줄 알아."

"아이고! 명심하겠습니다, 1분짜리 오라버니. 그런데 진짜 야구부에 들어갈 거냐고?"

"당연하지. 내가 홍진초등학교로 전학 가는 날을 얼마나 손꼽아 기다렸는데."

"우리 브라보가 드디어 꿈을 이루는구나. 브라보는 어렸을 때부터 우리나라 최고의 야구 선수가 되는 게 꿈이었잖니."

엄마가 브라보의 어깨를 감싸며 말했다. 브라보는 머리를 긁적이며 배시시 웃었다. 부모님으로부터 이사를 해야 한다는 이야기를 들었을 때 브라보는 가장 먼저 이사 할 곳 근처에 야구부가 있는 초등학교가 있는지 찾았다. 그리고 얼마 가지 않아 근처에 야구부로 유명한 홍진초등학교가 있다는 사실을 알아냈다. 이후 브라보는 설렘에 밤잠까지 설치며 전학 갈 날만 손꼽아 기다렸다.

"여러분, 오늘 우리 학교에 전학을 온 브라보예요. 앞으로 우리 5학년 3반에서 함께 생활할 거예요. 사이좋게 지내세요."

브라보는 씩씩한 목소리로 아이들과 인사를 나누고는 빈자리에 가서 앉았다. 짝꿍의 얼굴을 힐끗 쳐다보니 말괄량이 바비와는 달리 긴 생머리를 늘어뜨린 청순가련한 분위기의 여자아이였

다. 브라보는 웃음이 절로 나왔다. 꿈에 그리던 야구부에 어여쁜 짝꿍까지, 브라보는 홍진초등학교가 마음에 쏙 들었다.

수업이 끝나자마자 브라보는 가방을 둘러메고 밖으로 뛰쳐나갔다. 지나가는 길에 슬쩍 5학년 2반 교실을 들여다보니 바비는 여전히 수업을 받고 있었다. 브라보는 바비를 향해 혀를 날름 내밀고는 서둘러 운동장으로 나갔다. 예상대로 야구부가 운동장에서 훈련을 받고 있었다. 브라보는 감독으로 보이는 사람에게 다가갔다.

"안녕하세요? 저는 브라보인데요, 홍진초등학교 야구부에 꼭 들어가고 싶습니다."

브라보는 운동장이 떠나갈 듯한 목소리로 씩씩하게 인사를 했다. 감독뿐만 아니라 운동장에서 훈련을 받고 있던 야구부원 모두가 눈이 휘둥그레져서 브라보를 쳐다보았다. 브라보의 호기가 마음에 든 감독은 브라보를 이리저리 살폈다.

"체격 조건은 좋은 것 같다만……. 야구는 해 봤니?"

"지난번에 살던 동네 아이들과는 자주 했어요."

"그런 것 말고, 정식으로 야구를 배워 본 적 있느냐는 말이다."

"정식으로요? 이런 야구부 같은 곳에서요?"

"그렇지."

"그런 적 없고요, 아빠한테 배워 본 적은 있어요."

"그럼 야구부에서는 활동해 본 적이 없단 말이지?"

"네, 예전에 다니던 학교에는 야구부가 없었거든요."

감독이 턱을 만지작거리며 고개를 끄덕였다. 머릿속에서 무언가를 저울질하고 있는 게 틀림없었다. 브라보는 과연 감독이 어떤 결정을 내릴까 궁금해서 미칠 지경이었다.

"테스트 좀 해 보자."

"테스트요? 무슨 테스트요?"

"원래 야구부 신입 부원을 뽑는 시기가 따로 있는데, 너는 특별히 배짱도 있고 체격 조건도 좋아 보이니 지금 바로 실력 테스트를 해서 야구부에 들어올 만한 야구 실력을 갖추고 있는지 판단하겠다."

"정말이요? 그런 거라면 자신 있어요. 어렸을 때부터 야구 신동 소리 많이 들었거든요."

"치는 것과 던지는 것 중에 뭐가 더 자신 있느냐?"

"음……. 둘 다요."

브라보가 신이 나서 대답했다. 그러자 감독은 잠시 생각에 잠기더니 투구 연습을 하고 있던 투수 한 명을 불렀다.

"제구야! 잠깐 이리 좀 와라."

감독의 부름을 받은 투수가 투구 연습을 멈추고 뛰어왔다. 야구 유니폼을 제대로 갖춰 입고, 야구 글러브까지 낀 채 뛰어오는 모습이 프로야구 선수처럼 당당해 보였다.

"공을 치는 것 먼저 테스트해 보자. 이 선수는 우리 야구부의 에이스인 견제구다."

브라보는 견제구를 위아래로 훑어보았다. 인상이 그리 좋아 보이지는 않았지만, 상대팀 타자를 움츠러들게 하기에는 알맞아 보였다.

"잘 부탁해. 나는 꼭 야구부에 들어가고 싶어."

브라보는 견제구에게 손을 내밀어 악수를 청했다. 그러나 견제

구는 성의 없이 손을 한 번 툭 치고는 자기 자리로 돌아가 공을 던질 준비를 했다. 브라보도 야구 방망이를 들고 타석에 들어섰다.

감독이 신호를 보내자 수비수들도 각자 제자리에 섰다. 수비수들이 수비 자세를 갖춘 것을 확인하고 나서 견제구가 있는 힘껏 공을 던졌다. 공은 정확히 포수의 글러브 속으로 빨려 들어갔다. 견제구가 던진 공의 위력에 놀란 브라보는 그만 공을 피하려다가 엉덩방아를 찧고 말았다.

"스트라이크!"

감독의 우렁찬 목소리가 운동장을 흔들었다. 그때까지도 브라보는 넋이 나간 채 바닥에 널브러져 있었다. 투수의 자세, 공의 속도, 그리고 공의 방향……. 그동안 동네 친구들과 심심풀이로 해 오던 야구와는 한참 수준이 달랐다.

"브라보, 지금 뭐 하는 거냐? 다음 공 받아칠 준비를 해야지."

브라보는 정신을 차리고 주변을 둘러보았다. 여기저기에서 웃음소리가 터져 나오고 있었다. 브라보는 그제야 다른 야구부원들과, 수업을 마치고 집으로 돌아가는 아이들의 시선까지 모두 자신을 향해 있는 것을 발견했다. 브라보는 얼굴이 화끈거렸다.

"타자가 타석을 벗어나서야 되겠니? 얼른 일어나."

견제구가 놀리듯이 말했다. 순간 브라보는 기분이 나빠졌다. 겉으로는 안 그런 척 하고 있었지만, 속으로는 다른 아이들처럼 자신을 비웃는 게 틀림없었다.

"이번에는 직구를 던질 테니 잘 쳐 봐. 직구는 받아치기 정말 쉽잖아."

'직구? 직구가 뭐지?'

순간 브라보의 머릿속이 복잡해졌다. 그 사이에 공 하나가 또 날아들었다. 브라보는 무의식적으로 방망이를 휘둘렀다. 공이 방망이에 맞았지만 아깝게 파울 라인을 벗어나고 말았다.

"파울! 그래도 대단한걸! 견제구의 빠른 공을 받아치다니 말이야."

"운이 좋았던 거예요."

감독이 브라보를 칭찬하는 기색을 보이자, 견제구는 시큰둥하게 말을 하고는 다시 공을 던질 준비를 했다. 견제구는 포수와 사인을 나누고 나서, 곧바로 와인드업 자세에 들어갔다. 그러고는 힘차게 공을 던졌다. 공은 브라보를 향해 무서운 속도로 날아갔다. 브라보는 공이 날아오는 방향을 확인하면서 방망이를 휘둘렀다. 그러나 아쉽게도 헛스윙이었다.

"빨리 뛰어. 1루로 뛰란 말이야. 낫아웃이야, 낫아웃."

감독이 브라보를 향해 소리를 질렀다. 다른 야구부원들도 1루로 달리라는 신호를 보냈다. 브라보는 어리둥절했다. 방금 자신은 헛스윙했고, 그렇다면 삼진 아웃이 맞는데 왜 자꾸 1루로 뛰라고 하는지 영문을 알 수 없었다.

'또 나를 놀리려는 건가?'

브라보는 인상을 쓰며 방망이를 내려놓았다. 그 사이 포수는 1루를 향해 공을 던졌다. 그제야 감독은 '아웃'을 외쳤다.

"야! 너는 낫아웃도 모르냐? 아니면 낫아웃이라고 1루로 뛰라는 소리 못 들었어?"

포수가 마스크를 벗으며 물었다.

"낫아웃?"

브라보는 고개를 갸웃했다. 좀 전에 직구라는 말은 어디선가 들어 본 적이 있는 것 같은데, 낫아웃은 금시초문이었다.

"그런 말 처음 들어 봐. 그리고 나는 헛스윙을 해서 삼진 아웃을 당했는데, 왜 나더러 1루로 뛰라는 거지?"

"야구 규칙에 대해 잘 모르는 모양이구나. 야구 규칙을 잘 모르는데, 어떻게 야구부원이 될 수 있겠니?"

어느새 곁으로 다가온 감독이 팔짱을 낀 채 난감한 얼굴로 브라보를 쳐다봤다. 야구는 그냥 투수가 던지고 포수가 받고 타자가 치기만 하면 되는 줄 알았던 브라보는 크게 상심했다.

"야구부에 들어오고 싶으면 우선 야구 규칙부터 공부해야겠다. 잘 치고 잘 던지는 것도 중요하지만, 야구 경기에서는 정해진 규칙과 작전에 따라 움직이는 것이 더 중요하단다. 야구 규칙부터 파악한 다음에, 다시 한 번 테스트를 받도록 해라."

감독은 브라보의 어깨를 두어 번 탁탁 두드려 주고는 뒤돌아 야구부원들에게 신호를 보냈다. 야구부원들은 신호에 따라 감독 앞에 두 줄로 나란히 섰다. 견제구도 감독 쪽으로 향하려다가 갑자기 방향을 바꾸어 브라보에게 다가왔다. 그러고는 귓속말로 속삭였다.

"야구는 아무나 하는 줄 알아?"

순간 브라보는 부끄러움과 동시에 화가 치밀어 올랐다. 처음부터 거드름을 피워 대던 모습이 마음에 들지 않았는데, 결국 브라보 마음에 단단히 상처를 주는 말까지 남긴 것이다.

'견제구라고 그랬지? 내가 반드시 너의 그 콧대를 꺾어 주고 말 거야.'

브라보는 두 주먹을 불끈 쥐었다. 홍진초등학교 야구부에 들어갈 날만 손꼽아 기다리던 설렘이 오기로 바뀌기 시작했다. 이제 브라보에게는 야구부에 들어가는 것 말고도 견제구를 이기고 말겠다는 목표가 하나 더 생긴 셈이었다.

바비는 운동장 한편에서 그 모습을 하나도 빼놓지 않고 지켜보

고 있었다. 활발하고 적극적인 바비는 벌써 친구를 여럿 사귀어 함께 집으로 돌아가다가, 테스트를 받는 브라보의 모습을 발견하고는 줄곧 구경을 하고 있었던 것이다. 그런데 바비의 눈은 브라보가 아닌 견제구를 향하고 있었다. 물론 처음에는 쌍둥이 오빠인 브라보를 응원했는데, 견제구의 박진감 넘치는 투구 자세를 보고는 그만 한눈에 반해 버렸다.

'저 시큰둥한 말투와 표정, 완전히 나의 이상형이야. 저 선수와 가까워지려면 반드시 오빠가 야구부에 들어가야 해. 오늘부터 나는 브라보 오빠의 매니저로 다시 태어나는 거야.'

17:24
와
와아

와
와
와아아
LG 이겨라!
LG 파이팅!
야구장 오니까 좋지?
와
정말 최고예요.
텔레비전에서 보는 것과 느낌이 확 달라요.
그냥 보지만 말고, 우리가 배웠던 것을 잘 되새겨 보도록 해라.
와
네!

41페이지에서 계속~

08:30
1 2 3 4 5 6 7 8 9
LG

2

전설의 야구 선수, 노삼진

브라보는 저녁식사도 거른 채 침대에 누워 멍하니 허공을 쳐다보고 있었다. 낮에 있었던 일을 생각하면 얼굴이 화끈거리고 심장이 콩닥콩닥 뛸 만큼 부끄럽다가도 혹시나 꿈을 꾼 게 아닐까 싶을 만큼 아득하게 느껴지기도 했다. 밥을 먹지 않았는데도 전혀 배가 고프지 않았고, 숙제를 하지 않았는데도 전혀 걱정이 되지 않았다.

"학교에서 브라보 무슨 일이 있었나?"

아빠가 걱정이 되는지 브라보 방문 앞을 기웃거리며 물었다. 문을 살짝 열어 보려 했지만, 안에서 잠긴 상태였다.

"그러게 말이에요. 학교 다녀오고 나서부터 방 안에서 꼼짝도 안 하네요."

"바비야, 혹시 브라보가 왜 저러는지 아니?"

"한번 직접 물어보세요. 아마 오늘 충격 많이 받았을 거예요."

"충격이라니! 전학 첫날부터 대체 무슨 일이 있었기에 그러니?"

"야구부 테스트에서 보기 좋게 떨어졌어요. 원래는 공을 쳐 본 다음에 던지는 것도 테스트받으려고 했는데요, 감독님이 공 치는 것만 보고 똑 떨어뜨렸어요. 야구 규칙에 대한 상식이 전혀 없대요. 아마 전교생 중에서 10분의 1 정도는 그 광경을 지켜봤을 걸요?"

"그런 일이 있었니?"

아빠의 얼굴이 어두워졌다. 홍진초등학교로 전학을 가기로 한 순간부터 브라보가 얼마나 야구부에 들어가기를 원했는지 누구보다 잘 알고 있던 터였다. 아빠는 숨을 깊게 한 번 내쉬고는 브라보 방문을 두드렸다.

"브라보야, 문 좀 열어 보렴. 아빠랑 얘기 좀 하자."

그러나 아무 대답도 들려오지 않았다. 아빠는 다시 한 번 목소리에 힘을 주어 말했다.

"열쇠로 문을 열 수도 있지만, 그래도 네가 직접 열어 줄 때까지 기다리마."

그러자 덜컥 소리가 나더니 방문이 열리고 브라보가 모습을 드러냈다. 잔뜩 풀이 죽어 있는 브라보의 모습에 아빠는 왠지 마음이 아려 왔다.

"바비한테 이야기 들었어. 야구부 테스트에서 떨어졌다고?"

"아니에요. 떨어진 게 아니라, 야구 규칙을 알아야 야구를 잘할 수 있다며 야구에 대해 좀 더 공부한 다음에 다시 테스트받으라고 했어요."

"야구 규칙에 대해 다시 공부하라니, 그게 도대체 무슨 말이냐?"

"사실은 제가 첫 번째 공은 스트라이크였는데 감을 잡지 못해 그냥 보냈고요, 두 번째 공은 파울을 쳐서 투 스트라이크가 되었거든요. 그런데 세 번째 공을 헛스윙해서 분명히 삼진이 맞는데, 사람들이 저에게 빨리 1루로 뛰라는 거예요. 사람들이 놀리느라

그러는 것 같아서 그냥 제자리에 있었는데, 감독님이 오셔서 야구 규칙을 너무 모른다고 하시더라고요."

"혹시 낫아웃 상태 아니었니?"

"네, 맞아요. 사람들이 '낫아웃', '낫아웃'이라고 외쳐 대더라고요."

아빠는 슬며시 미소를 지으며 브라보에게 친절하게 설명해 주었다.

"만약 투 스트라이크 이후에 다음 공이 스트라이크였어도 포수가 공을 놓치면 낫아웃 상태가 되어 1루까지 뛸 수 있단다. 만약에 포수가 다시 공을 잡아 던진 공이 타자보다 먼저 1루에 도착하면 그 타자는 아웃이 되고, 타자가 공보다 먼저 1루에 도착하면 세이프가 되는 거야."

"아, 그렇군요. 맞아요, 그때 포수가 공을 놓쳤었어요."

브라보는 그제야 자신의 실수를 깨달은 듯 고개를 끄덕였다. 야구부에서 당한 수모만큼이나 브라보를 괴롭혔던 것이 바로 삼진이 분명한데 왜 자꾸 1루로 뛰라고 했는지에 대한 궁금증이었다.

"야구 규칙을 알아야 야구를 할 수 있다는 감독님의 말이 옳아. 심심풀이로 하는 동네 야구가 아니라 정식 게임을 해야 하는 야구부니까 말이야."

"그럼 아빠가 좀 가르쳐 주세요. 아빠는 야구광이잖아요."

"내가 가르쳐 주는 것도 좋겠지만, 그보다 더 좋은 방법이 있을 것 같구나. 아빠가 내일까지 해결 방법을 찾아올 테니, 오늘은 일단 밥 먹고 숙제부터 해라."

브라보는 온종일 자신의 어깨를 짓누르던 무거운 짐을 벗어 놓은 것처럼 기분이 홀가분해졌다. 한편으로는 왜 진작 아빠와 의논하고 위로받을 생각을 하지 못했는지 아쉬움이 느껴지기도 했다. 내일이면 아빠가 야구부에 들어갈 수 있는 해결책을 가져다 줄 것이라는 생각을 하자 브라보는 기분이 좋아져 콧노래까지 나올 지경이었다.

며칠 후, 브라보는 아빠가 알려준 장소를 찾아갔다. 집에서 그리 멀지 않은 곳이었지만, 이사 온 지 며칠 되지 않아 길 찾기가 쉽지 않았다. 겨우 아빠가 종이에 적어 준 '트윈스 야구 연습장'을 발견한 브라보는 그제야 안도의 한숨을 내쉬었다.

"드디어 찾았네!"

언제 따라왔는지 바비가 바로 등 뒤에서 히쭉히쭉 웃어 대고 있었다.

"너, 집에서부터 따라온 거야?"

"응. 오빠 지금 야구에 대해 배우러 온 것 맞지? 나도 야구에 대해 한 수 배우고 싶어.”

“네가 야구를 배우고 싶다고? 야구의 ‘야’자도 모르는 게 뭘 배우겠다는 거야?”

“모르니까 배우고 싶다는 거야. 나도 갑자기 야구에 관심이 생겨났단 말이야. 그리고 오빠가 잘 배울 수 있도록 뒷바라지도 좀 하고.”

“야, 지나가는 오토바이가 웃겠다.”

브라보는 인상을 쓰며 냉정하게 획 돌아섰다. 그러나 내심 싫지는 않았다. 낯선 곳에 가서 낯선 사람으로부터 야구를 배우기가 조금 망설여졌는데, 사교성 좋은 바비와 함께라면 아무 거리낌 없을 것만 같았다.

바비는 진심으로 브라보가 야구부에 들어갈 수 있도록 온 힘을 다해 돕고 싶었다. 홍진초등학교의 야구부 에이스 견제구와 자연스럽게 친해지는 방법은 오직 그것뿐이라는 판단에서였다. 그리고 이번 기회에 야구에 대해 철저하게 배워서 견제구와 막힘없이 대화하고 싶은 소망도 있었다.

“저……. 노삼진 아저씨는 어디 계세요?”

브라보가 야구 연습장 곳곳을 둘러보고 있는 아저씨에게 다가가 물었다.

"누구냐?"

"노삼신 아저씨께 야구를 배우고 싶어서 왔어요."

"네가 바로 브라보라는 녀석이냐?"

"어떻게 아셨어요? 아! 그럼 혹시 아저씨가 노삼진 아저씨예요?"

"너희 아버지에게 얘기 많이 들었다. 아버지가 간곡하게 부탁해서 제자로 받아들인 것이니 한눈팔지 말고 열심히 배워 보도록 해라."

브라보의 고민을 해결하기 위해 아빠는 여기저기 수소문하여 왕년의 홈런왕 노삼진이 근처에서 야구 연습장을 운영하고 있다

는 사실을 알아냈다. 당장 노삼진을 찾아간 아빠는 야구에 대한 브라보의 관심과 열정에 대해 이야기를 나누고, 브라보에게 야구를 가르쳐 달라고 부탁했던 것이다.

"얘기 듣기로는 야구의 기본도 모른다고 하던데, 그게 사실이냐?"

"기본도 모르다니요? 그냥 복잡한 규칙이나 용어들을 잘 모르는 것뿐이에요."

"음, 그래? 그럼 내가 문제를 내 볼 테니 맞혀 봐라. 그라운드 홈런은 뭐지?"

"그라운드 홈런이요? 저……. 1점 홈런보다는 크고……. 2점 홈런보다는……."

"그럼 인필드플라이는 뭐지?"

"네? 그건……."

"역시 생각대로 엉망진창이군. 야구는 잘 치고, 잘 달리고, 잘 던진다고 끝나는 스포츠가 아니야. 야구 경기에는 많은 규칙과 작전이 존재한다. 그것부터 알아야 야구 경기를 치를 수 있어."

브라보의 얼굴은 다시 한 번 홍당무가 되었다. 바비는 이때다 싶어 애교 가득한 얼굴로 끼어들었다.

"저희가 잘 몰라서 훌륭하신 야구 왕을 찾아온 거잖아요. 제발 저희의 너그러운 스승님이 되어 주세요."

"근데 넌 뭐냐? 여자아이가 같이 올 거라는 얘기는 못 들었는데."

"저는 얘, 아니 브라보 오빠의 쌍둥이 여동생이에요. 또 브라보 오빠의 매니저이기도 하고요."

"매니저? 하하하! 아이돌 스타도 아니고 무슨 매니저냐?"

"브라보 오빠를 훌륭한 야구 선수로 키우려면 저 또한 야구에 대해 잘 알아야 할 것 같아 여기까지 찾아왔어요. 저도 스승님의 제자가 되고 싶어요."

바비가 동그란 눈을 반짝이며 애교 섞인 콧소리로 말하자 노삼

진의 마음이 스르르 녹았는지 한결 부드러운 목소리로 말했다.

"좋아, 야구에 대한 사랑이 기특하여 너희에게 야구를 가르쳐 주마. 하지만, 나는 바쁜 몸이야. 리틀 야구단도 운영하고 있고, 주말에는 어른들이 모여 만든 야구 클럽의 감독도 해야 하지. 그러니까 오늘부터 열흘 안에 야구의 기본 규칙을 모두 배워야 한다. 알겠지?"

"네, 문제없어요. 저도 얼른 야구 규칙을 정복한 다음 야구부 입단 테스트에 다시 한 번 도전하고 싶으니까요."

브라보와 바비는 서로 얼싸안고 방방 뛰었다.

2루 주자의 리드가 크지요? 도루 가능성이 있어 보입니다.
슬금 슬금
LG의 이진루 선수는 도루 능력이 충분히 있습니다.
스윽
투수, 공 던집니다.
슈욱
과감하게 몸 쪽 깊숙한 슬라이더를 던졌네요.
스트라이크!
네, 강철완 선수의 주무기죠.
이번에 작전을 걸 가능성이 큰데요.
팟

주자들
모두 뜁니다.
탁탁탁
딱
벌떡
벤치에서
히트앤드런을
지시했군요!
유격수 앞 땅볼.
와
과연 2루 주자는
3루에서 세이프
될까요?
와아
아웃!
촤아악
와

우우우우~
도대체 야구를 발로 하는 거야, 뭐야.
헉
TWINS
클린업 트리오가 나올 차례죠?
네, 득점 찬스 입니다.
와
스윽
원아웃에 주자는 1루와 2루.

58페이지에서 계속~

08:30

3

첫 번째 수업

야구장은 어떤 모습인가, 선수들은 어떻게 짜여지나

"자, 그럼 당장 오늘부터 시작할까? 우선 야구 경기장에 무엇 무엇이 있는지부터 알아보자."

노삼진은 준비해 온 종이 한 장을 펼쳤다. 4절지만 한 크기의 종이에는 야구 경기장이 자세히 그려져 있었다.

"다이아몬드처럼 생긴 부분 있지? 여기를 내야라고 한다. 내야는 1루, 2루, 3루와 본루(홈, 또는 홈플레이트)를 연결한 선 안쪽을 가리키지. 선 바깥쪽은 외야라고 부르고. 본루와 1루, 그리고 본루와 3루를 연결한 선이 외야까지 죽 이어져 있는 거 보이니? 이게 바로 파울 라인이야. 타자들이 공을 쳤을 때 파울 라인 안쪽에서 바운드되면 안타고, 바깥쪽에서 바운드되면 파울이 되는 거야. 파울 라인과 펜스가 만나는 곳에는 기둥 하나가 있는데 이건 파울폴이라고 불러. 파울폴에 맞은 공은 페어 지역에 떨어지든

파울 지역에 떨어지든 홈런이 돼."

"에이, 그 정도는 저도 알아요."

브라보가 조금 지루한 듯한 표정을 지으며 대꾸했다.

"기본기부터 탄탄하게 다져야 하는 거야. 진짜 야구 경기장은 너희가 동네에서 야구 놀이 하던 곳과는 많이 다르거든."

노삼진은 다시 종이에 그려진 야구 경기장을 가리키며 말했다.

"이쪽은 더그아웃인데, 선수들과 감독, 코치가 대기하는 곳이야. 1루와 3루 쪽에 각각 하나씩 있어. 1루 쪽은 홈팀이, 3루 쪽은 원정팀이 사용하지. 마찬가지로 1루 쪽 관중석은 홈팀을 응원하는 사람들이 앉고, 3루 쪽 관중석은 원정팀을 응원하는 사람들이 앉아. 외야 쪽은 응원하는 팀에 상관없이 앉을 수 있고 말이야."

"그런데 홈팀, 원정팀이 뭐예요?"

바비가 고개를 갸웃하며 물었다. 그러자 브라보가 인상을 찌푸리며 면박을 주었다.

"넌 그것도 모르냐?"

"그건 프로야구하고 관련이 있는 말인데, 프로야구팀은 각각 활용하는 지역이 따로 있거든. 그것을 '연고지'라고 하지. 예를 들어 LG 트윈스와 두산 베어스는 서울이 연고지이고, 삼성 라이온스는 대구가 연고지야. SK 와이번스는 인천이 연고지이고, 기아 타이거즈는 광주, 한화 이글스는 대전, 롯데 자이언츠는 부산이야. 넥센 히어로즈도 서울이 연고지인데, LG나 두산과는 달리 잠실 종합운동장을 사용하지 않고 목동 종합운동장을 사용하지. 자신의 연고지에서 경기하면 홈팀이 되고, 다른 팀의 연고지로 가서 경기를 펼치면 원정팀이 되는 거야."

"아하, 그렇구나. 아저씨의 설명은 정말 귀에 쏙쏙 들어와요."

바비가 배시시 웃으며 말했다. 바비의 칭찬에 노삼진은 부끄러운 듯 얼굴을 붉혔다.

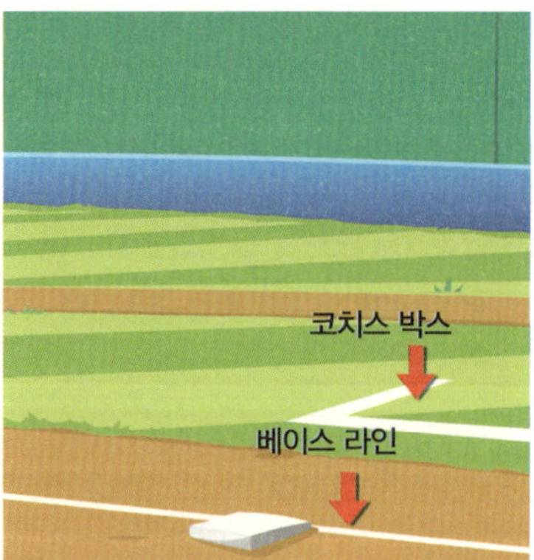

"자, 이곳은 코치스 박스라고 하는데, 1루와 3루 베이스 라인에서 약 4.75m 떨어진 곳에 있어. 이곳에서는 공격하는 팀의 주루코치가 선수들에게 작전을 지시하지."

"베이스 라인은 또 뭐고 주루코치는 또 뭐야?"

바비가 혼잣말로 중얼거렸다. 점점 갈수록 어려운 용어들이 쏟아져 나오는 바람에 바비의 얼굴은 거의 울상이 되어 버렸다. 그런 바비가 안쓰러워 브라보는 귓속말로 소곤거렸다.

"베이스 라인은 홈에서 1루, 그리고 홈에서 3루를 연결하는 파울 라인이야. 그런데 주루코치는 나도 잘 모르겠다."

"아저씨, 주루코치는 뭐예요? 코치 중 한 명인 것 같기는 한데……."

바비가 날름 물었다.

"그건 나중에 설명해 주마. 코칭스태프 얘기할 때 한꺼번에 정리하면 좋을 것 같구나."

노심진은 물을 한 컵 들이키고는 말을 이었다.

"여기가 마운드야. 투수가 공을 던질 때 서는 곳이지. 마운드는 다른 곳보다 약간 높아. 그리고 가운데에는 투수판이 있는데, 투수가 공을 던질 때는 반드시 투수판을 밟고 있어야 해. 그럼 포수는 어

디에 있어야 할까?"

"여기요!"

바비가 얼른 손가락으로 포수 위치를 가리키며 외쳤다.

"그래, 맞아. 포수가 공을 받는 곳을 캐처스 박스라고 한단다. 우리나라 말로 하면 포수석이라고 할 수 있겠구나. 타자가 공을 치는 곳은 배터스 박스라고 하는데, 타석이라고도 부른단다. 다음 타자들은 넥스트 배터스 박스(타자 대기석)에서 자신의 차례를 기다리며 연습을 하고 있지. 투수가 자신의 차례를 기다리며 연습하는 곳은 불펜이라고 한단다."

"그런데요, 아저씨. 포수 뒤쪽으로 무슨 그물 같은 게 있던데, 그건 왜 만들어 놓은 거예요?"

브라보가 눈을 반짝이며 물었다.

"아, 백네트 말이구나? 백네트는 파울 타구로부터 관중을 보호하기 위해 만들어 놓은 거야. 빠른 파울 타구를 맞으면 위험할 수 있거든. 자, 이제 야구장에 대한 설명은 끝났다."

노삼진이 한숨을 푹 내쉬었다. 그러고 보니 30분 동안 쉬지 않고 이야기하고 있었다. 노삼진은 다시 한 번 물을 들이켰다.

"아저씨, 이제 뭐 가르쳐 주실 거예요?"

마음이 급한 브라보가 재촉했다.

"잠깐 기다려. 지금 아저씨 쉬고 계시잖아."

바비가 짐짓 어른스럽게 브라보를 타일렀다. 자리에 앉아서 물을 마시던 노삼진이 벌떡 일어나 어디론가 들어가더니 두 손에 뭔가를 잔뜩 들고 나타났다.

"모두 내가 선수 시절에 썼던 물건들이야. 이건 헬멧이라는 건데, 타자들은 타격 중에 머리를 다칠 수 있기에 반드시 귀 덮개가 있는 헬멧을 써야 한단다. 이것은 정강이 보호대야. 정강이에 공을 맞으면 무척 아프단다. 뼈가 부러질 수도 있고. 그래서 이걸 착용해야 하지. 야구공과 야구방망이, 글러브 정도는 잘 알 테고…….

이건 투수나 포수가 손에서 공이 미끄러지는 것을 막기 위해 바르는 송진 가루야. 로진백이라고도 하지."

"야구 경기할 때 투수나 포수가 하얀색 주머니를 만지작거리는 것을 봤는데, 바로 이거였군요."

"그래, 맞아."

"그런데 아저씨, 이건 누가 쓰는 거예요?"

바비가 마스크를 집어 들더니 물었다.

"음, 그건 포수가 사용하는 것들이야. 포수는 빠른 속도로 날아오는 공을 받아야 하고, 또 공이 뒤로 빠지는 것을 몸으로 막아야 하는 경우가 많아. 그래서 특별히 얼굴과 머리를 보호할 수 있는 마스크와 가슴을 보호할 수 있는 프로텍트(가슴 보호대)를 착용해야 하지. 그렇다면 문제 하나 내 볼까?"

"네, 좋아요. 자신 있어요."

브라보와 바비가 동시에 대답했다.

"경기장 내에서 포수처럼 마스크를 쓰는 사람은 또 누가 있을까?"

"에이, 주심이잖아요. 너무 쉬워요."

브라보가 시큰둥하게 말하자 노삼진은 목소리를 다듬고는 다시 한 번 문제를 냈다.

"그럼 본루와 1, 2, 3루가 다른 점을 이야기해 봐라."

"그건…… 저……. 아, 생각났어요! 1루와 2루, 3루는 사각형인데 본루는 5각형이에요."

이번에도 정답은 브라보의 몫이었다.

"오호, 제법인걸. 하지만 또 한 가지 있단다. 1루, 2루, 3루는 두꺼운 흰색 천으로 만들어진 캔버스 백인데, 본루는 고무판으로 되어 있지. 투수판 같은 경우는 사각형의 고무판이란다."

브라보와 바비는 고개를 끄덕였다. 이미 알고 있었던 사실도 있었지만 새로 알게 된 사실도 많아 흥미로웠다. 1분 1초가 아까울 만큼 노삼진과 함께 하는 야구 공부는 즐거웠다.

"아저씨, 이번에는 또 뭘 가르쳐 주실 거예요?

"오늘은 여기까지야. 첫날부터 무리하면 머릿속이 복잡해서 오히려 역효과가 날 테니 오늘은 이쯤에서 끝내자. 내일은 야구의 기본적인 게임 규칙과 게임 방법에 대해 배울 테니 미리 공부해 오너라. 알았지?"

"네!"

브라보와 바비는 씩씩하게 대답했다.

노삼진의 야구 과외

본루 포수가 있는 자리로, 시작점이자 마지막에 다시 되돌아오는 목표점이 되는 홈플레이트가 놓인 누이다. 홈플레이트는 5각형의 고무판으로 되어 있다.

1루 주자가 맨 처음 밟는 누로, 사각형의 캔버스 백으로 되어 있다.

2루 주자가 두 번째로 밟는 누로, 사각형의 캔버스 백으로 되어 있다.

3루 주자가 세 번째로 밟는 누로, 사각형의 캔버스 백으로 되어 있다.

마운드 투수가 공을 던질 때 서 있는 곳으로, 다른 곳보다 약간 높으며, 고무판으로 되어 있는 투수판이 놓여 있다.

내야 본루와 1루, 2루, 3루를 연결한 라인 안쪽 지역이다.

외야 본루와 1루, 2루, 3루를 연결한 라인 바깥쪽이면서 파울 라인 안에 위치한 지역이다.

더그아웃 감독과 코치, 선수들이 대기하는 곳이다.

코치스 박스 주루코치가 주자들에게 작전을 지시하는 곳으로, 1루와 3루 베이스 라인에서 약 4.75m 떨어진 곳에 위치한다.

배터스 박스 타자가 공을 치는 곳이다.

캐처스 박스 포수가 공을 받는 곳이다.

넥스트 배터스 박스 다음 타자가 대기하며 연습하는 곳이다.

불펜 다음 투수가 대기하며 연습하는 곳이다.

베이스 라인 홈에서 1루, 그리고 홈에서 3루를 연결하는 파울 라인이다.

백네트 강한 파울 타구로부터 관중을 보호하기 위해 포수 뒤쪽에 만들어 놓은 그물이다.

헬멧 선수들이 머리를 다치는 것을 막기 위해 착용하는 것으로, 귀 덮개가 달려 있다.

마스크 포수와 주심이 얼굴과 머리를 보호하기 위해 착용하는 것이다.

정강이 보호대 정강이를 보호하기 위해 착용하는 것이다.

가슴 보호대 가슴을 보호하기 위해 포수가 착용하는 것이다.

로진백 투수나 포수가 손에서 공이 미끄러지는 것을 막기 위해 바르는 송진 가루가 들어 있는 주머니이다.

홈팀 자신의 연고지에서 게임을 치르는 팀을 말한다.

원정팀 다른 팀의 연고지로 가서 게임을 치르는 팀을 말한다.

선출전 선수,
장타를 노리겠지요?
찌릿
지금 3대 2로 LG가 1점 뒤지고 있기 때문에 더그아웃에서 작전을 걸 수 있습니다.
번트 자세인데요?
슈우우웅
쿵
팟
와
보내기 번트가 나왔네요.

이제 투아웃에
주자는 2루와 3루
굵적
굵적
타석에는
4번 타자 한일격
날려라
와
요즘 타격감이 좋은
한일격 선수에게
기대를 걸어 봅니다.
스윽
이번에는
어떤 공을
던질까요?
변화구로 유인해야
겠지요.
!
3루로 견제구를
던지네요.
휙

73페이지에서 계속~

08:30
1 2 3 4 5 6 7 8 9
LG

4

두 번째 수업

기본적인 야구 게임의 규칙은?

야구 수업 두 번째 날, 브라보와 바비는 엄마가 준비해 주신 오렌지 주스와 머핀을 들고 신나게 트윈스 야구 연습장으로 향했다. 노삼진은 브라보와 바비를 반갑게 맞아 주었다. 바비가 손에 들고 있던 가방을 슬그머니 내밀었다.

"아저씨, 엄마가 이것 싸 주셨어요. 먼저 드세요."

안 그래도 점심을 간단하게 먹은 탓에 배가 출출하던 노삼진은 오렌지 주스와 머핀을 맛있게 먹었다.

"오늘은 야구의 기본 게임 룰에 대해 이야기해 보자. 야구가 9회씩 공격과 수비를 번갈아 하는 게임이라는 건 잘 알 테지? 한 회는 각각 '초'와 '말'로 이루어져있단다. 1회 초, 1회 말, 또는 5회 초, 5회 말 이렇게 말이야. 프로야구에서는 원정팀이 먼저 공격하고 홈팀이 나중에 공격을 하지. 한마디로 1회 초는 원정팀이 공격

하고, 1회 말은 홈팀이 공격하는 거야. 다른 회도 마찬가지고. 아마야구에서는 추첨을 통해서 어느 쪽 더그아웃을 선택할지 결정하는데, 3루 쪽 더그아웃을 이용하는 팀이 프로야구의 원정팀처럼 먼저 공격을 하고, 1루 쪽 더그아웃을 이용하는 팀이 프로야구의 홈팀처럼 나중에 공격을 하지."

"연장전을 치르는 경우도 있잖아요. 연장전은 정말 손에 땀이 날 만큼 긴장되던데요. 점수가 나면 그대로 끝이니까요."

"브라보야, 아주 예리한 지적이구나. 물론 9회 안에 승부를 가리지 못했을 때는 연장전을 치르기도 한단다. 연장전은 기준을

정하기 나름인데, 점수가 날 때까지 회나 시간제한 없이 치르는 경우가 있고, 선수들의 체력을 위해 정해진 회나 시간까지 승부가 나지 않으면 무승부로 처리하는 경우가 있어. 예를 들어 12회까지, 또는 밤 10시 30분까지 승부가 나지 않을 경우에는 무승부로 하겠다고 정하면 그 기준에 따라 연장전이 이루어지는 거야. 그런데 만약에 연장 10회 초에 공격한 팀이 먼저 점수를 냈으면 반드시 연장 10회 말 경기도 치러야 한단다. 만약 연장 10회 말에서 상대팀이 점수를 얻지 못하면 그제야 10회 초에 공격한 팀이 승리를 거둘 수 있는 거야."

"그럼 만약에 다시 동점이 되면요?"

바비가 손을 번쩍 들고 물었다.

"이 바보야, 그럼 또 연장전을 치러야지."

"뭐야?"

바비가 눈을 흘기사 브라보가 얼른 위기에서 벗어나기 위해 질문을 던졌다.

"그런데 궁금한 게 있어요. 야구는 원래 9명이 하는 게임이잖아요. 투수, 포수, 1루수, 2루수, 3루수, 유격수, 좌익수, 중견수, 우익수……. 이렇게 딱 아홉 명이거든요. 공격할 때는 이 선수들이 1번부터 9번까지 차지하잖아요. 그런데 저는 투수가 방망이 들고

공을 치는 것은 한 번도 못 봤어요. 그럼 공격을 8명만 하게 되는 것 아니에요?"

"허허허. 브라보야, 네가 아직 지명타자라는 걸 모르는구나."

노삼진이 브라보의 머리를 쓰다듬으며 너털웃음을 지었다.

"아무래도 투수는 타자에 비해 공격 능력이 떨어지겠지. 또 공을 던지는 것만 해도 체력 소모가 큰데 공격까지 하려면 너무 힘들 거야. 그래서 투수를 대신해서 공격만 전문으로 하는 타자가 있어. 그게 바로 지명타자야. 지명타자는 투수 대신 공격을 하는 것이기 때문에 수비는 하지 않아. 그런데 투수가 공격하는 걸 한 번도 못 봤다니 좀 실망스러운걸! 진정한 야구 마니아가 아닌 것 아니야?"

"에이, 무슨 그런 섭섭한 말씀을 하세요. 저처럼 야구를 좋아하는 어린이가 어디 있다고요?"

"물론 우리나라 프로야구에는 지명타자가 있지만, 일본이나 미국의 프로야구에서는 지명타자가 없는 리그가 있거든. 일본의 센트럴리그나 미국의 내셔널리그에는 지명타자가 없기 때문에 투수도 공격을 해야 하지."

"정말이요? 에이, 그걸 몰랐네."

"나는 알았는데."

바비가 얄밉게 끼어들었다.

"아주 오래전에 채널을 돌리다가 뉴스에서 박찬호 선수가 방망이를 들고 나와 안타를 치는 걸 본 적 있어요."

"이거 어째, 바비가 한 수 위인 것 같다. 하하하."

노삼진이 다시 한번 너털웃음을 짓자 브라보는 얼굴을 붉히며 바비를 노려보았다. 그 모습을 본 노삼진이 브라보의 기를 살려주기 위해 기회를 주었다.

"브라보야, 그럼 어떻게 해야 원 아웃, 투 아웃, 쓰리 아웃이 되는 걸까?"

"공격 쪽의 선수가 한 명 아웃 되면 원 아웃, 두 명 아웃되면 투 아웃, 세 명 아웃되면 쓰리 아웃이지요."

"옳지, 정답이다. 물론 쓰리 아웃이 되면 공격과 수비가 교체된다는 사실도 알고 있겠지?"

"당연하지요."

"그런데 어떻게 해야 아웃이 되는 거야?"

바비가 갑자기 끼어들었다.

"아웃이 되는 상황은 여러 가지야. 삼진으로 아웃이 될 수도 있고, 땅볼을 쳤는데 내야수가 공을 잡아 타자나 주자를 태그해 아웃시킬 수도 있어. 높이 뜬 공은 굳이 타자나 주자를 태그하지 않아도 수비수가 그라운드에 바운드 되기 전에 잡으면 아웃이 되지. 도루를 하다가 아웃이 될 수도 있고, 안타를 쳤을 때 욕심을 내어 무리하게 다음 누까지 뛰어가려고 하다가 공보다 늦게 도착해서 아웃이 될 수도 있어."

"우리 브라보 제법인걸. 어떻게 하면 아웃이 되는지는 다음 번 공격과 수비에 대해 공부할 때 좀 더 자세히 알려 줄 거야. 그때까지 조금만 기다려라. 알겠지, 바비야?"

"네. 브라보 덕분에 대충은 알겠지만, 그래도 더 자세히 설명해 주시면 좋을 것 같아요."

"그래, 알겠어. 그런데 브라보야, 콜드게임은 뭘까?"

브라보의 눈에서 빛이 났다.

"7회가 지났는데 양 팀의 점수 차가 10점 이상 벌어지면 더 이상 역전될 가능성이 없다고 해서 콜드게임이 선언돼요. 올림픽이나 국제대회에서는 콜드게임이 있던데, 우리나라 프로야구에는 콜드게임이 없잖아요."

그러자 노삼진이 입을 주욱 내밀며 집게손가락을 좌우로 흔들었다.

"아니야. 우리나라 프로야구에서도 콜드게임이 있어. 하지만 점수 차가 많이 나서 콜드게임이 되는 건 아니고, 5회 말 이후에 비가 많이 와서 더 이상 경기를 할 수 없을 때 심판이 경기 중단을 외치고 그때까지의 점수로 승리 팀을 가리지. 이것을 강우 콜드게임이라고 해."

"만약에 5회 말 이전에 비가 너무 많이 내려 경기가 중단되면요?"

브라보가 궁금증 가득한 얼굴로 물었다.

"그럼 노 게임이 선언되지. 노 게임이 되면 그때까지 얻은 모든 점수와 기록이 무효가 돼. 노 게임이 선언되면 두 팀은 나중에 게임을 다시 치러야 해. 그래서 하루에 두 번 게임을 치러야 하는 경우도 생기지. 그게 바로 더블헤더야."

"아, 그렇구나!"

바비가 아이처럼 손뼉을 치며 즐거워했다. 복잡한 야구 게임 규칙을 하나하나 알아가는 재미가 생각보다 훨씬 쏠쏠했다.

"너희가 재미있어 하니까 더욱 힘이 나는걸! 야구 경기도 관중이 힘차게 응원을 해야 흥이 나는 것처럼 말이야."

브라보와 바비가 서로 마주 보며 씨익 웃었다.

"그럼 이번에는 바비에게 기회를 줄까? 바비야, 공격하는 팀에서는 어떻게 해야 점수를 얻을 수 있을까?"

"그 정도는 저도 잘 알지요. 홈으로 들어오면 되잖아요."

"그냥 마구잡이로 홈으로 달려 들어온다고 점수를 얻는 게 아니야! 아웃되지 않은 상태로 1루를 지나고 2루를 지나고 3루를 지나서 홈으로 들어와야 득점을 할 수 있어."

브라보가 제법 의젓한 표정으로 말했다. 그러자 노삼진이 고개를 끄덕여 보였다.

"자, 어떻게 하면 득점을 할 수 있는지는 내일 배우도록 하자. 내일은 공격과 관련된 야구 규칙들을 머릿속에 쏙쏙 집어넣을 준비를 하고 오너라. 오늘처럼 간식까지 준비해 오면 더 좋고. 하하하."

브라보와 바비는 노삼진과 인사를 나눈 뒤 트윈스 야구 연습장을 나와 집으로 향했다. 둘의 표정은 어느 때보다 밝았다. 좀 더 밝은 쪽은 바비였다. 전에는 야구가 이렇게 재미있는 줄 꿈에도 생각하지 못했는데, 이제는 굳이 견제구 때문이 아니더라도, 야구에 대해 철저히 알아보고 싶은 욕심이 생겼다.

노삼진의 야구 과외

9회 공격 야구는 1회부터 9회까지 홈팀과 원정팀이 공격과 수비를 번갈아 하며 승부를 가린다. 프로야구에서는 원정팀이 먼저 공격하고 홈팀이 나중에 공격한다.

연장전 정해진 횟수나 시간 안에 승부가 나지 않을 경우, 횟수나 시간을 연장하여 계속 경기하는 것을 말한다.

지명타자 투수를 대신해서 공격만 전문적으로 하는 타자이다.

원 아웃 공격하는 팀의 선수가 한 명 아웃된 경우를 말한다.

투 아웃 공격하는 팀의 선수가 두 명 아웃된 경우를 말한다.

쓰리 아웃 공격하는 팀의 선수가 세 명 아웃된 경우이며, 쓰리 아웃이 되면 공격하는 팀과 수비하는 팀이 뒤바뀐다.

콜드게임 7회가 지났는데 양 팀의 점수 차가 10점 이상 벌어지면 더 이상 역전될 가능성이 없다고 판단하여 게임을 중단하는 것을 말한다.

강우 콜드게임 5회 말 이후에 비가 많이 와서 더 이상 경기를 할 수 없을 때 심판의 판단에 의해 경기가 중단되는 것을 말하며, 그때까지의 점수로 승부를 가린다.

노 게임 게임이 5회 말 이전에 끝나 무효가 된 게임을 말한다.

더블헤더 하루에 연이어 두 번 게임을 치르는 것을 말한다.

이게 웬일입니까?
벌떡
와아
아, 3루 주자가 방심하고 있었군요.
후다닥
이크
아쉽군요. 3루 주자 아웃입니다.
탁
와
다 집어치워! 동네 야구도 그것보다 낫겠다.
그래 그래
정말 듣기 싫어 죽겠네.

쓰리 아웃!
공수가 교대됩니다.
와
와
와아
무사 1, 2루 찬스를
놓치네요.

응원하는 팀이
잘 못한다고 야유를
보내면 안 된단다.
와아
네, 별로 보기
안 좋네요.
선수들 사기도
떨어뜨리지.
와
또 선수들을
흥분시키는
원인도 되고.
그럼 우리 팀에
이득이 될 게
없겠네요.
물론이지. 게임이
안 풀릴수록 격려와
신뢰가 중요해.

99페이지에서 계속~

08:30

5

세 번째 수업

공격할 때 알아야 할 규칙

"오늘은 야구할 때 공격에 필요한 기본적인 규칙에 대해 배워 볼 거야. 브라보는 친구들과 야구 게임 할 때 보통 몇 번 타자로 타석에 들어가니?"

"물론 1번 타자지요. 저 말고 1번 타자 할 사람은 없어요."

"오, 그래? 그럼 브라보는 달리기를 아주 잘하나 보구나. 선구안도 좋고."

"선구안이 뭔데요?"

브라보가 눈을 동그랗게 뜨며 물었다. 바비 역시 어리둥절한 표정이었다.

"선구안이란 투수가 던진 공 중에서 볼과 스트라이크를 잘 골라낼 수 있는 능력을 말해. 그래서 선구안이 좋으면 1루로 출루할 수 있는 가능성이 더 높아지지. 1번 타자가 출루하면 아무래도 득점 기회도 높아지고."

"아마 오빠는 그런 거 있는 줄도 몰랐을 걸요? 제가 보기에는 무조건 자기가 제일 먼저 칠거라고 우겨서 1번 타자 하는 것 같던데요."

바비가 새침한 표정으로 브라보를 쳐다보며 혀를 비죽 내밀었다.

"으이그, 저 고자질쟁이……."

순간 브라보는 바비와 함께 야구를 배우겠다고 결심했던 자신의 결정을 후회했다. 이제 겨우 3일째인데 벌써부터 골탕 먹이는 것을 보니, 앞으로 야구 수업에서 벌어질 일들이 눈에 선했다.

"1번 타자부터 9번 타자까지 결정하는 것부터 작전이 시작되는 거야. 감독들은 경기 전에 주심에게 출전 선수의 타순을 전달해야 해. 보통 1번 타자는 발이 빨라 주루 플레이에 능하고 안타를 잘 치며, 선구안이 좋아 볼을 잘 골라낼 수 있는 선수로 정해. 또 2번 타자는 안타를 잘 치거나 선구안이 좋은 선수, 3번 타자는 타율이 가장 좋은 선수로 정한단다. 4번 타자는 타율이 좋으면서 힘이 좋아 장타를 잘 치는 선수가 차지하고, 5번 타자 역시 장타를 잘 치는 힘 좋은 선수가 필요해. 특별히 3번 타자, 4번 타자, 5번 타자를 묶어서 '중심 타선', 혹은 '클린업 트리오'라고 불러. 보통 중심 타선에서 득점을 올릴 확률이 가장 높지."

"그래서 홈런왕 중에 4번 타자가 많은 거구나."

브라보가 고개를 끄덕였다.

"맞아. 유명한 홈런왕 중에는 4번 타자가 많지."

"그럼 6번 타자부터 9번 타자까지는 어떻게 정해져요?"

"우선 6번 타자는 출전 선수 중에 6~7번째로 잘 치는 선수, 7번 타자는 7~8번째로 잘 치는 선수로 정해. 8번 타자는 출전 선수 중에서 타격 능력이 가장 떨어지는 선수가 맡고, 9번 타자는 출루율이 높은 1번 타자와 연결이 되기 때문에 보통 6~7번째 타격 능력을 갖춘 선수가 차지하게 돼. 아참! 그리고 우리나라 프로야구에서는 지명타자를 포함시키니까, 1번부터 9번 중 알맞은 타순에 지명타자가 들어가는 거야. 알겠니?"

"네!"

노삼진은 아이들의 씩씩한 대답이 마음에 들었다. 처음에는 조금 귀찮은 생각도 들었었는데, 두 아이 모두 밝고 명랑한데다가 수업에도 열심히 참여하고 있어서 점점 가르치는 것이 즐거워졌다.

노삼진은 준비해 두었던 종이를 브라보와 바비에게 한 장씩 나누어 주었다. 종이는 깨알 같은 글씨로 가득 메워져 있었다.

"이게 뭐예요?"

"보면 몰라? 야구 규칙에 대해 정리해 놓으신 거잖아."

브라보는 기회를 놓치지 않고 바비에게 면박을 주었다.

"야구에서 승리를 하려면 득점을 해야 하고, 득점을 위해서는 공격을 해야 하지? 공격이란 바로 득점을 위해 타격이나 주루플레이를 하는 것을 말한다. 내가 준 종이에 공격에 대한 여러 가지 규칙을 정리해 놓았으니 그걸 읽어 보고 나서 궁금한 것이 있으면 질문하도록 해라."

"네, 그게 좋겠어요."

브라보와 바비는 서로 원수지간이라도 되는 것처럼 반대 방향으로 달려가 멀리 떨어진 곳에 자리를 잡고 종이에 적힌 내용을 읽기 시작했다.

신통방통 머리에 쏙쏙

실전 야구 완벽 정리

••• 공격을 할 때 아웃이 되는 경우

타자가 공을 쳤을 때 공이 땅에 닿기 전에 수비수가 잡는 경우, 투 스트라이크 상황에서 스트라이크를 그냥 보내거나 헛스윙, 파울팁(투수가 던진 공이 타자의 방망이에 맞고 포수 미트로 들어가는 것)을 하여 삼진을 당했을 때, 타자가 친 공을 수비수가 잡아 타자보다 먼저 1루수에게 던진 경우, 타자가 안타를 쳐서 다음 누로 가는 도중 수비수가 먼저 공을 잡아 태그(손이나 글러브로 공을 잡은 다음 몸을 누에 대거나 공이나 글러브를 주자에게 대는 것)하는 경우, 주자가 도루를 시도하다가 포수가 던진 공에 태그 아웃되는 경우, 주자가 투수가 던진 견제구에 태그 아웃되는 경우, 타자가 친 공에 주자가 맞았을 경우, 주자가 누를 밟지 않았을 때 수비 팀에서 어필을 해 심판이 아웃을 선언한 경우 등이 있다.

••• 공격을 할 때 출루하는 경우

안타를 친 경우(내야안타, 외야안타, 홈런, 번트 모두 포함), 투수가 볼넷을 허용한 경우, 투수가 데드볼(몸에 맞는 공)을 허용한 경우, 포수가 세 번째 스트라이크 공을 놓쳐 낫아웃이 되었을 때 타자가 공보다 먼저 1루에 도착한 경우 등이 있다.

••• 안타

파울 라인 안쪽에 떨어진 공을 수비수가 잡지 못하고, 타자가 안전하게 누에 도착한 경우를 말하는데, 수비수의 실책이 없어야 안타로 인정된다.

••• 홈런

타자가 친 공이 외야의 펜스를 넘어가는 것으로 솔로 홈런(1점), 투런 홈런(2점), 쓰리런 홈런(3점), 만루 홈런(4점)이 있다.

••• 장외 홈런

관중석 밖으로 날아간 홈런을 말한다.

••• 그라운드 홈런

타자가 친 공이 외야의 펜스를 넘어가지는 않았으나, 한 번에 1루, 2루, 3루를 돌아 본루에서 세이프 되는 경우(단, 수비수의 실책이 없어야 그라운드 홈런으로 인정)이다.

••• 만루 홈런(그랜드슬램)

주자가 1루, 2루, 3루에 모두 있는 상황에서 홈런을 치는 것이다.

••• 랑데부 홈런

같은 팀의 두 타자가 연속으로 홈런을 쳤을 때 두 번째 터진 홈런을 일컫는 말이다.

••• 만루(풀베이스)

1루, 2루, 3루에 모두 주자가 차 있는 상황을 말한다.

••• 페어볼

타자가 친 공이 파울 라인 안쪽 페어 지역에 떨어지거나, 파울 라인 안쪽 페어 지역에 떨어졌다가 파울 지역으로 나간 것이다.

••• 파울

타자가 친 공이 페어 지역에서 바운드 없이 파울 라인 밖으로 나가거나, 번트를 댔을 때 공이 멈추지 않고 파울 라인을 밖으로 굴러간 경우를 말한다.

••• 파울 라인

본루와 1루와 펜스, 본루와 3루와 펜스를 연결한 직선을 말한다.

••• 파울플라이

타자가 친 공이 파울 지역에서 높이 떠오른 것이다.

••• 페어 지역(페어그라운드)

파울 라인 안쪽을 말한다.

••• 출루

타자가 누에 나가는 것이다.

••• **진루**

다음 누로 나아가는 것이다.

••• **도루**

출루한 주자가 투수가 투구를 하는 동안 다음 누로 뛰는 것이다.

••• **귀루**

원래 있던 누로 다시 돌아가는 것이다.

••• **더블 스틸**

두 명의 주자가 동시에 도루를 하는 것이다.

••• **트리플 스틸**

세 명의 주자가 동시에 도루하는 것이다.

••• **홈 스틸**

본루(홈)로 도루하는 것을 말한다.

••• **주루**

주자가 다음 누로 달리거나 리드하는 동작을 말한다.

••• **주루사**

누에 있던 주자가 투수 또는 포수의 견제구에 걸리거나 잘못된 주루 플레이로 인해 아웃되는 것이다.

••• **포스트런**

자신의 누를 향해 달려오는 주자가 있어 다음 누로 꼭 가야 하는 상황을 말한다.

••• **리드**

득점이 앞선 상황이나 주자가 도루 등을 시도하기 위해 누에서 떨어져 움직이는 것이다.

••• 런다운

주자가 미처 다음 누로 가지 못했거나, 원래 있던 누로 돌아가지 못해 누와 누 사이에 있는 경우를 말한다.

••• 태그업

플라이볼 타구시 주자가 되돌아와서 누를 밟는 행위이다.

••• 역주

주자가 있는 힘을 다해 달리는 것, 또는 플라이볼일 때 다음 누를 향해 나아갔던 주자가 다시 원래 누로 돌아오기 위해 달리는 것을 말한다.

••• 번트

타자가 스윙하지 않고 배트를 공에 가볍게 대듯이 맞춰 가까운 거리에 떨어지도록 하는 타법이다.

••• 희생번트

타자가 주자를 진루시키기 위하여 자신은 아웃을 당하면서 행하는 번트이다.

••• 쓰리번트

타자가 투 스트라이크 이후에 친 번트가 파울이 되면 아웃이 되는 것을 가리킨다.

••• 기습번트

기습적으로 수비진을 흔들어 진루하고자 할 때 행하는 번트로, 투수가 공을 던지기 전까지는 정상적인 타격 자세를 하고 있다가 공을 던지고 나면 갑자기 번트 자세로 바꾸어 수비진을 혼란스럽게 만드는 것을 말한다.

••• 푸시번트

1루로 진루하기 위해 오른쪽 타자는 1루 쪽으로, 왼쪽 타자는 3루 쪽으로 살짝 밀어 대는 번트이다.

••• 베이스러닝

주자가 다음 누로 나아가기 위하여 달리는 것, 또는 달리기 위해 누에서 멀어졌다가 다시 누로 돌아오는 것 등 누상에서 이루어지는 동작을 말한다.

••• 푸시

배트로 공을 가볍게 밀어내듯이 치거나 대는 타격이나 타격법이다.

••• 톱타자

공격 팀의 1번 타자를 말한다.

••• 장타자

장타를 칠 수 있는 능력을 지닌 타자이다.

••• 강타자

장타력도 겸비한 타격이 강한 타자이다.

••• 교타자

장타력은 떨어지지만 타율이 높은 타자이다.

••• 스위치히터

왼쪽과 오른쪽 모두 타격이 가능한 타자이다.

••• 대타자

중요한 순간에 원래 타순에 포함되어 있는 타자를 대신해 타석에 들어가는 선수로, 여러 가지 조건을 감안했을 때 원래 타자보다 타격하는 것이 낫다고 판단되는 사람이 한다.

••• 수위타자(리딩 히터)

규정 타석을 채운 상태에서 타율이 가장 높은 타자를 말한다.

••• 지명타자

투수를 대신해 수비는 안 하고 공격만 하는 타자이다.

••• 대주자(핀치 러너)

발이 느린 주자가 진루했을 때 그 선수를 대신해 주루플레이를 하는 사람이다.

••• 선행주자

2개 이상의 누에 주자가 진루했을 때 앞쪽 누에 있는 주자이다.

••• 후위주자

2개 이상의 누에 주자가 진루했을 때 뒤쪽의 누에 있는 주자이다.

••• 끝내기 안타(굿바이 히트)

홈팀이 최종회까지 지고 있거나 동점인 상황에서 타석에 들어선 타자가 안타를 쳐서 득점을 올려 승리한 경우, 이 안타를 끝내기 안타라고 한다.

••• 끝내기 홈런(굿바이 홈런)

홈팀이 최종회까지 지고 있거나 동점인 상황에서 타석에 들어선 타자가 홈런을 쳐서 득점을 올려 승리한 경우, 이 홈런을 끝내기 홈런이라고 한다.

••• 난타전

양 팀이 모두 활발히 득점을 올리는 공격 위주의 경기이다.

••• 내야안타

타자가 친 공이 내야에 떨어진 안타를 말한다.

••• 플라이아웃

타자가 친 공이 하늘 높이 떠올라 수비수에게 잡혀 아웃되는 것을 말한다.

••• 희생플라이

노 아웃, 또는 원 아웃 상태에서 3루에 주자가 있을 때 외야 깊숙한 곳으로 공을 띄워 타자는 플라이아웃 되더라도 3루 주자가 득점할 수 있도록 하는 것이다.

••• 단타

타자가 1루까지 진루할 수 있는 안타, 또는 주자가 진루할 수 있도록 배트를 짧게 잡고 정확하게 치는 타법이다.

••• 장타

타자가 2루 이상 진루할 수 있는 안타를 말한다.

••• 진루타

주자를 다음 누로 가게 한 안타를 말한다.

••• 맹타

연속으로 안타를 쳐 공격하는 것이다.

••• 희생타

번트나 외야플라이처럼 타자는 아웃되지만, 주자를 진루시키거나 득점을 올리려는 타격을 말한다.

••• 땅볼

땅 위로 굴러가는 공이다.

••• 헛스윙

방망이를 잘못 휘둘러서 공을 맞히지 못했을 때를 말한다.

••• 폴로스윙

타자가 타격 후에도 공의 효과를 더욱 올리기 위해 배트를 끝까지 앞쪽으로 휘두르는 것이다.

••• 풀스윙

배트를 길게 잡고 있는 힘을 다하여 힘껏 휘두르는 것으로, 힘의 세기는 커지지만 정확도가 떨어진다.

••• 하프스윙

타자가 공을 치기 위해 배트를 휘두르다 멈춘 경우, 타자의 방망이가 돌아간 것 같을 때는 포수가 심판에게 스윙 여부를 물어볼 수 있는데, 오른쪽 타자일 경우에는 1루심이, 왼쪽 타자일 경우에는 3루심이 스윙 여부를 판단한다.

••• 버스터

번트를 치려고 하다가 수비수들이 전진수비를 펼치면 기습적으로 풀 스윙을 하여 공을 수비수 뒤로 넘기려고 하는 것을 말한다.

••• 라인드라이브

타자가 친 공이 수비수 정면으로 직선으로 날아가 잡힌 경우이다.

••• 강습타구

배트 중심에 정확히 맞아 빠르고 강한 타구를 말한다.

••• 병살타

두 명이 한꺼번에 아웃되는 타격이다.

••• 멀티히트

한 경기에서 한 타자가 2개 이상의 안타를 친 경우이다.

••• 사이클링 히트

타자가 한 경기에서 1루타, 2루타, 3루타, 홈런을 모두 친 경우이다.

••• 케네디 스코어

야구에서 가장 재미있다는 8대 7 스코어를 말한다.

••• 텍사스 안타

공이 빗맞아 수비수와 수비수 사이에 애매하게 떨어져 안타가 된 경우이다.

••• 신시내티 안타

쉽게 잡을 수 있는 공을 수비수끼리 서로 미루다가 안타가 된 경우이다.

••• 슬라이딩

수비가 공을 잡을 때 또는 주자가 누에 닿을 때 미끄러지듯 몸을 던지는 것을 말한다.

••• 오버슬라이딩

주자가 슬라이딩할 때 속도를 줄이지 못해 누에서 떨어져 나가 아웃당할 위기에 처한 경우이다.

••• 오버런

주자가 누에 도달했을 때 달려온 탄력 때문에 누에서 떨어져 나가 아웃당할 위기에 처한 경우이다.

••• 규정 타석

개인의 성적을 집계할 때 자격이 되는 선수를 가리기 위해 규정한 의무적 타석수로, '3.1×경기 수'가 규정 타석이 된다.

••• 득점타

주자를 홈으로 불러들여 점수를 얻게 하는 안타이다.

••• 결정타

승부를 판가름하는 결정적인 타격을 말한다.

••• 적시타

주자가 진루해 있을 때 득점할 수 있는 안타이다.

••• 무사(노 아웃)

공격하는 팀에서 아웃된 사람이 없는 상태이다.

••• 1사(원 아웃)

공격 팀의 선수 중 한 사람 아웃되는 것을 말한다.

••• 2사(투 아웃)

공격 팀의 선수가 두 사람 아웃되는 것을 말한다.

••• 밀어내기 득점

주자가 1루, 2루, 3루에 모두 나가 있는 상황에서 타자가 볼넷으로 출루하면 3루 주자가 홈으로 들어와 득점을 올리는 경우를 말한다.

••• 행운의 안타(스크래치히트)

공이 배트에 빗맞거나 불규칙 바운드를 일으켜 예측할 수 없는 방향으로 흘러 안타가 된 경우이다.

••• 스탠스

타자가 공을 치기 위해 타석에 섰을 때 양발의 위치나 벌린 폭을 말한다.

••• 승리타점

팀을 승리로 이끄는 결정적인 타점이다.

••• 타자일순(打者一巡)

한 회에 공격하는 팀의 타순이 한 바퀴 도는 것이다.

••• 페인트 모션

상대를 속이기 위한 견제 동작이다.

••• 더블스코어

한 팀의 점수가 다른 팀 점수의 두 배가 되는 경우를 말한다.

••• 잔루

쓰리 아웃이 되어 공격이 마무리되었을 때 누에 남아 있는 주자의 수이다.

••• 20-20클럽

장타력과 주루플레이 능력을 골고루 갖춰 한 시즌에 홈런과 도루를 각각 20개 이상 기록한 경우를 말한다.

"어휴, 너무 많아서 머리가 지끈거려요."

바비가 고개를 절레절레 저었다.

"가장 기본적인 것만 골라서 적어 주셨는데, 왜 이리 투덜거리니? 아직 갈 길이 먼데, 벌써부터 엄살 피울래?"

브라보의 핀잔에 마음이 상한 바비가 입술을 비죽거렸다. 노삼진은 한시도 쉬지 않고 티격태격하는 브라보와 바비를 보며 웃음을 터트렸다.

"너희는 집에서도 그렇게 다투니?"

"아마 얘랑 다툴 시간에 공부를 했으면 지금쯤 대학교에 다니고 있을지도 몰라요."

"뭐라고? 호호호, 정말 웃겨. 그나마 내가 곁에서 바른 길로 인도해 주니까 아무 탈 없이 초등학교 5학년이 된 거지."

"자, 그만하고 오늘 배운 것 중에서 뭐 궁금한 것 없니? 바비야, 이해가 잘 안 되는 것 있으면 지금 물어보렴."

"저……."

바비가 머뭇거리자 브라보가 얼른 끼어들었다.

"에이, 아저씨. 질문도 뭘 알아야 하지요. 아마 바비에게는 아저씨가 적어 준 내용들이 너무 벅찰 거예요."

"너 정말!"

"아저씨 얘 말버릇 좀 보세요. 오빠한테 너라니요."

"허허허, 녀석들 참. 그럼 브라보가 한 번 질문해 보아라."

"안 그래도 궁금한 게 있어서 입이 간지러운 참이었어요. 아저씨, 만약에 타자가 친 공이 외야에 떨어졌다고 쳐요. 그런데 그 공이 바운드 되어 펜스로 넘어갔어요. 그럼 홈런은 아닌데, 그렇다고 외야수가 공을 잡아 던질 수도 없고……. 이럴 때는 어떻게 해요?"

"관중석에 앉아 있는 사람에게 얼른 달라고 해야지."

바비가 자신 있게 대답했다.

"씩씩한 대답은 멋졌지만 정답은 아니야. 그럴 때는 타자나 주자 모두 2루씩 진루할 수 있단다."

브라보가 고개를 끄덕였다.

"아하, 그러고 보니 저도 궁금한 것이 있어요."

"그래, 바비야. 말해 보렴."

"만약에 1루 베이스나 3루 베이스를 맞은 다음에 파울 라인 밖으로 나가면 안타인가요, 파울인가요?"

"그럴 경우에는 안타로 인정하지."

"그럼 만약 공이 심판이나 선수에 맞고 파울 라인 밖으로 튕겨 나가면요?"

"그때도 안타로 인정된단다."

"정말이요? 정말 재미있다."

바비는 이번에도 아이처럼 펄쩍 뛰며 즐거워했다.

"자, 이 정도면 궁금증이 해결됐니?"

"네, 아주 속 시원히 해결됐어요."

"오늘은 공격에 대해 공부했으니, 내일은……."

"수비요!"

브라보와 바비가 동시에 대답했다.

"티격태격 싸우긴 해도 서로 통하는 부분이 많은 걸 보면 천생 쌍둥이구나."

브라보와 바비는 노삼진과 인사를 나누고 집을 향해 길을 나섰다. 오늘은 배운 게 많아 머릿속이 복잡한 건 사실이었지만, 이제 서서히 야구를 알아간다는 기쁨에 마음은 솜털처럼 가벼웠다.

노삼진의 야구 과외

타순 공을 치는 선수의 차례

1번 타자 주루 플레이에 능하고, 안타를 잘 치며, 선구안이 좋은 선수이다.

2번 타자 안타를 잘 치고 선구안이 좋은 선수이다.

3번 타자 타율이 가장 좋은 선수이다.

4번 타자 타율이 좋으면서 힘이 좋아 장타를 잘 치는 선수이다.

5번 타자 장타를 잘 치는 힘 좋은 선수이다.

6번 타자 출전 선수 중에 6~7번째로 잘 치는 선수이다.

7번 타자 출전 선수 중에 7~8번째로 잘 치는 선수이다.

8번 타자 출전 선수 중에서 타격 능력이 가장 떨어지는 선수이다.

9번 타자 출전 선수 중에 6~7번째 타격 능력을 갖춘 선수이다.

공격을 할 때 아웃이 되는 경우

1. 타자가 공을 쳤을 때 땅에 닿기 전에 수비수가 잡은 경우이다.
2. 투 스트라이크 상황에서 스트라이크를 그냥 보내거나 헛스윙, 파울팁(투수가 던진 공이 타자의 방망이에 맞고 포수 미트로 들어가는 것)을 하여 삼진을 당했을 때이다.
3. 타자가 친 공을 수비수가 잡아 타자보다 먼저 1루수에게 던진 경우이다.
4. 타자가 안타를 쳐서 다음 누로 가는 도중 수비수가 먼저 공을 잡아 태그(손이나 글러브로 공을 잡은 다음 몸을 누에 대거나 공이나 글러브를 주자에게 대는 것)하는 경우이다.

5. 주자가 도루를 시도하다가 포수가 던진 공에 태그 아웃되는 경우이다.
6. 주자가 투수가 던진 견제구에 태그 아웃되는 경우이다.

공격을 할 때 출루하는 경우

1. 안타를 친 경우(내야안타, 외야안타, 홈런, 번트 모두 포함)이다.
2. 투수가 볼넷을 허용한 경우이다.
3. 투수가 데드볼(몸에 맞는 공)을 허용한 경우이다.
4. 포수가 세 번째 스트라이크 공을 놓쳐 낫아웃이 된 경우(단, 타자가 공보다 먼저 1루에 도착해야 함)이다.

그라운드 홈런 타자가 친 공이 외야의 펜스를 넘어가지 않았으나, 수비의 실책 없이 한 번에 1루, 2루, 3루를 돌아 본루에서 세이프 되는 경우이다.

페어볼 타자가 친 공이 파울 라인 안쪽 페어 지역에 떨어지거나, 파울 라인 안쪽 페어 지역에 떨어졌다가 파울 지역으로 나간 타구이다.

파울 타자가 친 공이 페어 지역에서 바운드 없이 파울 라인 밖으로 나가거나, 번트를 댔을 때 공이 멈추지 않고 파울 라인 밖으로 굴러간 경우이다.

출루 타자가 누에 나가는 것이다.

진루 다음 누로 나아가는 것이다.

도루 출루한 주자가 투수가 투구를 하는 동안 다음 누로 뛰는 것이다.

더블 스틸 두 명의 주자가 동시에 도루를 하는 것이다.

트리플 스틸 세 명의 주자가 동시에 도루하는 일이다.

홈 스틸 본루(홈)로 도루하는 일이다.

득점타 누상의 주자를 홈으로 불러들여 점수를 얻게 하는 안타이다.

적시타 주자가 진루해 있을 때 득점할 수 있는 안타이다.

밀어내기 득점 주자가 1루, 2루, 3루에 모두 나가 있는 상황에서 타자가 볼넷으로 출루하면 3루 주자가 홈으로 들어와 득점을 올리는 경우이다.

볼카운트 투앤원.
변화구를 던져 타자를 유인하겠지요.
와아
슈욱
쳤습니다.
딱
좌중간 안타가 나오는군요.
선행타자가 진루합니다.
어떤 작전이 나올지 궁금합니다.
와
와아

으이구, 답답해.
탁
탁
내가 해도
저것보단
잘하겠다.
우우우우-
저런 건 보고
배우지 말아라.
저쪽을 봐라.
괜찮아!
힘내라!
괜찮아!
저렇게 게임 자체를
즐기면서 선수들을
진심으로 응원하는
사람들도 있어.
와

볼넷입니다.
무사 1, 2루가 되네요.
와
LG, 위기를 맞이하는데요.
이 위기를 잘 막아야 합니다.
붕
최좌우 선수는 스위치히터죠?
그렇죠. 왼손 투수가 나오니까 오른쪽 타석에 들어서네요.
더블 스틸이 나올 수도 있겠는데요.
두 선수 모두 도루 능력이 뛰어나지요.
멈칫

119페이지에서 계속~

08:30

6

네 번째 수업

수비할 때 알아야 할 규칙

노삼진은 시계를 들여다보았다. 수업 시간이 다가오고 있었다.

"녀석들, 어디쯤 오고 있으려나?"

노삼진은 주변을 두리번거렸다. 저 멀리서 브라보와 바비가 심각하게 무슨 이야기를 주고받으며 걸어오고 있었다. 노삼진은 새삼스럽게 둘의 대화가 궁금해졌다.

"뭐가 그리 심각한 게냐?"

웬일로 길가 횡단보도까지 나와 있는 노삼진을 발견한 브라보와 바비는 반가운 마음에 단숨에 횡단보도를 건너왔다.

"아저씨가 여기까지 웬일이세요? 늘 근엄한 표정으로 야구 연습장 의자에 앉아 계셨잖아요."

"그러는 너희는 웬일이냐? 여간 심각한 표정이 아니구나."

"사실은 요즘 제가 야구 재미에 푹 빠져 텔레비전에서 중계하는 야구 경기를 열심히 챙겨 보거든요. 그동안 아저씨께서 가르쳐 주신 덕분에 웬만한 것은 다 알아듣겠는데 뭔 소리인지 도무지 알 수 없는 게 있어 브라보에게 물어보고 있었어요."

"근데 사실은……. 저도 잘 모르는 내용이어서요."

브라보가 머리를 긁적거렸다. 노삼진은 너그러운 얼굴로 바비에게 물었다.

"그래, 뭐가 그리 궁금하든?"

"어제 케이블 방송에서 야구 중계를 하기에 유심히 봤는데요, 5-4-3 병살타라는 말이 나오더라고요. 병살타는 이미 배웠던 거라 잘 알겠는데 그 앞에 붙은 '5-4-3'은 대체 무슨 뜻이에요?"

노삼진은 고개를 끄덕이며 껄껄 웃었다. 마침 오늘 배울 내용과 잘 맞아떨어지는 질문이라 내심 놀랍기도 했다.

"그게 궁금하다면 오늘 수업을 집중해서 들으면 된단다."

"오늘은 수비에 대해 배우는 것 아니에요?"

"맞다. 그런데 바비가 궁금해 하는 것이 수비와 관련된 것이거든."

브라보와 바비의 눈이 빛났다. 둘은 야구에 대해 배우면 배울수록 궁금한 것이 많아지고, 궁금증이 해결되면 경기가 더욱 재미

있어지는 것이 야구의 매력이라는 사실을 깨달았다.

"수비수는 야수라고 부르기도 한단다. 수비수는 각자 자신의 위치가 있는데, 이것을 수비위치, 또는 포지션이라고 하지. 자, 이걸 보렴."

"투수와 포수, 그리고 1루수, 2루수, 3루수는 잘 알 테고 내야수 중에서 유격수 자리가 좀 헷갈리지? 보다시피 2루수라고 딱 2루에 붙어 있는 게 아니라 1루 쪽으로 약간 나와 있어. 1루와 2루 사이로 빠지는 공을 잡기 위해서야. 그럼 2루와 3루 사이로 빠지는 공은 누가 막지? 3루수는 3루를 지키기에도 바쁜데 말이야.

그래서 유격수가 필요한 거야. 유격수는 2루와 3루 사이에 있는 수비수야. 아마 팀 내에서 수비를 가장 잘하는 선수가 유격수를 맡는다고 해도 과언이 아닐걸?"

"그 정도쯤은 상식이지요. 그런데 좌익수, 중견수, 우익수 위치가 좀 헷갈리더라고요."

바비가 종이에 그려진 수비위치를 뚫어져라 쳐다보며 말했다.

"그러니? 단어 뜻을 잘 생각하면 헷갈릴 이유가 없어. 우선 중견수의 '중'은 가운데라는 뜻이니까 외야의 가운데를 맡는 수비수야. 좌익수에서 '좌'는 왼쪽이라는 뜻이니까 홈에서 바라봤을 때 왼쪽에 서 있는 사람이 좌익수지. 우익수는 물론 오른쪽에서 수비를 하는 선수이고. 알겠니?"

브라보와 바비가 고개를 끄덕였다.

"그렇다면 이제 바비가 궁금해 하던 '5–4–3 병살타'가 무엇인지 알려 주마. 수비수는 각자 번호와 기호가 있어."

노삼진은 또 다른 종이를 꺼내 브라보와 바비에게 내밀었다.

1 **투수** Pitcher **P**

2 **포수** Catcher **C**

3 **1루수** First Baseman **1B**

4 2루수 Second Baseman **2B**

5 3루수 Third Baseman **3B**

6 유격수 Short Stop **SS**

7 좌익수 Left Fielder **LF**

8 중견수 Center Fielder **CF**

9 우익수 Right Fielder **RF**

"맨 앞에 있는 것이 수비수들의 번호, 그 다음은 수비수들의 포지션별 이름, 그 다음은 영어 이름, 마지막 괄호 안에 있는 게 수비수를 나타내는 기호야. '5-4-3 병살타'라는 것은 바로 3루수가 잡아 2루수에게 던져 아웃시킨 뒤 다시 1루수에게 던져 아웃시킨 경우를 말하는 거야. 만약에 유격수가 잡아 3루수에게 던져 아웃시킨 뒤 1루수에게 던져 병살타를 유도했다면 '6-5-3 병살타'가 되겠지."

"아, 그렇구나. 그런 게 있는 줄 꿈에도 몰랐네."

바비가 배시시 웃었다. 덩달아 브라보도 웃었다. 바비 덕분에 재미있는 사실을 알게 되어 기분이 한껏 고조되었다.

"자, 수비수에 대한 가장 기본적인 것을 배웠으니 이제부터 본격적인 수업에 들어가겠다. 오늘도 일일이 설명하기가 어려워 자

료를 준비했으니 읽어 내려가면서 이해가 안 되는 부분은 질문을 하도록 하렴."

"오늘도 어제처럼 외울 게 많아요?"

"어제만큼은 아니지만, 그래도 만만치 않을 게다."

"너무해요."

브라보와 바비는 볼멘소리를 했지만, 표정은 밝았고 종이를 받아드는 동작도 날쌨다.

신통방통 머리에 쏙쏙

실전 야구 완벽 정리

••• 내야

본루, 1루, 2루, 3루를 연결한 선의 안쪽 지역이다.

••• 외야

본루, 1루, 2루, 3루를 연결한 선 바깥쪽에서 파울 라인 안쪽 지역이다.

••• 내야수

1루수, 2루수, 유격수, 3루수를 통틀어 이르는 말이다.

••• 외야수

우익수, 중견수, 좌익수를 통틀어 이르는 말이다.

••• 더블플레이

수비하는 팀에서 실책 없이 연결된 동작으로 공격 선수 두 명을 아웃시키는 것을 말한다.

••• 트리플플레이

수비하는 팀에서 한 번에 3명의 공격 선수를 아웃시키는 것을 말한다.

••• 키스톤플레이

2루수와 유격수가 더블플레이나 2루 주자를 견제할 때 협동하여 플레이를 펼치는 것을 말한다.

••• 콤비네이션

수비수끼리 협동하여 짜임새 있는 연결 동작을 보여 주는 것이다.

••• 파인플레이(호수비)

까다로운 타구를 잘 처리하여 타자를 아웃시켜 상대의 공격을 막아 내는 일이다.

••• 런다운플레이

야수들이 주자를 사이에 두고 아웃시키려고 협공을 펼치는 것을 말한다.

••• 야수선택

공을 잡은 수비수가 1루에 송구하면 타자를 아웃시킬 수 있는데 선행주자를 아웃시키려고 다른 누에 던졌다가 실패하여 모든 주자를 살려 주는 결과를 초래한 것을 말한다.

••• 송구

공을 자기편 선수에게 던져 보내는 것이다.

••• 악송구

자기편이 받기 어려울 정도로 공을 너무 낮거나 높이, 또는 멀리 던지는 것을 말한다.

••• 실책

충분히 잡을 수 있는 공을 놓치거나, 아웃시킬 수 있는 주자를 살려 진루시키는 것이다.

••• 고의낙구

주자가 있을 때, 수비수가 주자까지 한꺼번에 아웃시키려고 충분히 잡을 수 있는 플라이볼을 일부러 놓치는 것을 말한다.

••• 인필드플라이

타자가 친 타구가 내야에 떴을 때 수비수가 충분히 잡을 수 있다고 판단되면 심판이 고의낙구를 막기 위해 공을 잡기 전에 미리 플라이 아웃을 선언하는 것이다.

••• 대시

수비수가 전력을 다해 앞으로 뛰어나와 공을 잡는 것을 말한다.

••• 다이렉트

중간에 수비수를 거치지 않고 직접 목표점까지 송구하는 것이다.

••• 다이렉트볼

일직선으로 날아가는 공, 또는 중간에 수비수를 거치지 않고 직접 목표점까지 송구된 공을 말한다.

••• 캐치

공을 글러브나 손으로 잡는 것이다.

••• 다이빙캐치

수비수가 공중으로 몸을 던져 공을 잡는 것이다.

••• 태그

수비수가 공을 잡은 뒤 주자를 직접 터치하는 것이다.

••• 태그 아웃

태그를 하여 주자를 아웃시키는 것이다.

••• 포스 아웃

후위주자가 있어 반드시 진루해야 하는 주자가 다음 누에서 아웃되는 것으로, 이때는 공을 잡은 수비수가 주자를 직접 태그하지 않고 그 주자가 가야 하는 누를 밟기만 해도 아웃이 된다.

••• 터치

선수의 몸이나 유니폼, 장비 등에 닿는 것이다.

••• 터치아웃

터치해서 주자를 아웃시키는 것이다.

••• 노터치

수비수가 주자를 터치하지 못한 것이다.

••• 백업

수비수가 실책할 것에 대비해 또 다른 수비수가 뒤에서 받쳐 주는 것으로, 외야수가 홈을 향해 송구한 공을 포수가 받을 때 투수가 뒤에서 받쳐 주는 것이 대표적이다.

••• 릴레이(중계)

외야에서 목표점으로 송구할 때 거리가 너무 멀어 중간에서 볼을 받아 이어 준 것을 말한다.

••• 미트

포수와 1루수가 끼는 글러브로, 엄지손가락만 따로 끼고 나머지는 전부 한데 모아 끼도록 되어 있다.

••• 바가지안타

빗맞아서 내야를 살짝 넘겨 내야수 뒤로 살짝 떨어지는 행운의 안타를 가리킨다.

••• 백핸드캐치

글러브를 역으로 하여 공을 잡는 것이다.

••• 백홈

수비수가 공을 잡자마자 홈으로 송구하는 것이다.

••• 베이스커버

수비수가 수비를 위해 누에 들어가는 것, 또는 누가 비어 있을 때 다른 수비수가 대신 들어가 수비하는 것이다.

••• 보살

주자를 아웃시켰을 때 도움을 준 수비수에게 주어지는 수비기록이다.

••• 자살

주자를 최종적으로 아웃시킨 수비수에게 주어지는 수비기록이다. 만약 3루수가 공을 잡아 1루로 던져서 아웃을 시켰다면 3루수는 보살, 1루수는 자살 기록이 주어진다.

••• 불규칙 바운드

공이 불규칙하게 튀는 것이다. 불규칙 바운드일 경우에는 수비수가 공을 잡지 못하더라도 실책으로 기록되지 않는다.

••• 블로킹

수비수가 주자를 태그하기 위해 몸으로 막는 것이다.

••• 센터 라인

투수와 포수, 2루수와 유격수, 중견수를 잇는 수비의 핵심이다.

••• 쇼트 바운드

땅볼이 짧게 튀어 오르는 것이다.

••• 플라이볼

공중에 높이 떠오른 공을 말한다.

••• 어필

수비 팀이 공격 팀의 규칙 위반에 대해 지적하여 심판에게 아웃을 요구하는 것이다.

••• 어필아웃

수비 팀의 어필에 의해 아웃되는 것이다.

••• 와일드스로

목표 지점을 많이 벗어나 송구하는 것이다.

••• 컷오프플레이

주자의 진루를 막거나 아웃시키기 위해서 다른 수비수를 향해 날아가는 공을 중간에서 가로채는 것이다.

••• 커트

수비수가 송구한 공이 목표 지점에 도착하기 전에 다른 수비수가 중간에서 가로채는 것을 말한다.

••• 픽업

수비수가 공이 땅에 떨어지자마자 글러브로 낚아채듯 잡는 것이다.

••• 홀(hole)

수비수 사이로 공이 빠져 나가는 공간, 또는 수비가 약한 수비수나 그 수비수의 포지션을 가리키는 말이다.

"어때, 이 정도면 별로 어려울 거 없지?"

"아주 가뿐한걸요. 그런데 아저씨, 왜 전진수비나 중간수비 같은 건 없어요? 당연히 오늘 알려 주실 줄 알았는데요."

"브라보, 너 그런 것도 아니? 대단한데. 거기에 대한 궁금증은 여러 가지 작전에 대해 얘기할 때 싹 해소해 줄 테니 기다리고 있거라. 다른 질문은 없니?"

"저, 질문 있어요."

바비가 손을 번쩍 들었다.

"만약에 주자가 뛰다가 수비수와 부딪쳐서 넘어져서 달릴 수 없는 상황이라면 아웃이 되나요?"

"그건 반칙 요소에 대해 알아볼 때 얘기해 주마. 그럼 오늘은 여기까지!"

오늘의 야구 수업도 화기애애한 분위기 속에 마무리되었다. 브라보는 노삼진 아저씨가 무척 고맙게 느껴졌다. 요즘처럼 즐겁고 보람 있는 하루하루를 보낸 적이 없기 때문이다.

노삼진의 야구 과외

수비위치 1 투수 Pitcher (P) / 2 포수 Catcher (C) / 3 1루수 First Baseman (1B) / 4 2루수 Second Baseman (2B) / 5 3루수 Third Baseman (3B) / 6 유격수 Short Stop (SS) / 7 좌익수 Left Fielder (LF) / 8 중견수 Center Fielder (CF) / 9 우익수 Right Fielder (RF)

내야 본루, 1루, 2루, 3루를 연결한 선의 안쪽 지역이다.

외야 본루, 1루, 2루, 3루를 연결한 선 바깥쪽에서 파울 라인 안쪽 지역이다.

내야수 1루수, 2루수, 유격수, 3루수를 통틀어 이르는 말이다.

외야수 우익수, 중견수, 좌익수를 통틀어 이르는 말이다.

더블플레이 수비하는 팀에서 실책 없이 연결된 동작으로 공격 선수 두 명을 아웃시키는 것을 말한다.

트리플플레이 수비하는 팀에서 한 번에 3명의 공격 선수를 아웃시키는 것을 말한다.

키스톤플레이 2루수와 유격수가 더블플레이나 2루 주자를 견제할 때 협동하여 플레이를 펼치는 것을 말한다.

야수선택 공을 잡은 수비수가 1루에 송구하면 타자를 아웃시킬 수 있는데 선행주자를 아웃시키려고 다른 누에 던졌다가 실패하여 모든 주자를 살려 주는 결과를 초래한 것을 말한다.

인필드플라이 타자가 친 타구가 내야에 떴을 때 수비수가 충분히 잡을 수 있다고 판단되면 고의낙구를 막기 위해 공을 잡기 전에 미리 플라이 아웃을 선언하는 것이다.

다이빙캐치 수비수가 공중으로 몸을 던져 공을 잡는 것이다.

태그 수비수가 공을 잡은 뒤 주자를 직접 터치하는 것이다.

태그 아웃 태그를 하여 주자를 아웃시키는 것이다.

포스 아웃 후위주자가 있어 반드시 진루해야 하는 주자가 다음 누에서 아웃되는 것으로, 이때는 공을 잡은 수비수가 주자를 직접 태그하지 않고 그 주자가 가야 하는 누를 밟기만 해도 아웃이 된다.

센터 라인 투수와 포수, 2루수와 유격수, 중견수를 잇는 수비의 핵심이다.

보크!
와아
와
탁
탁
투수가 긴장했나요?
중요한 순간에 보크가 나오네요.
포수가 어떤 주문을 할지 궁금합니다.
스윽
투수와 포수가 신중하게 이야기를 나누고 있습니다.
와
이야기를 마치고 다시 포수석으로 돌아오고 있습니다.
터벅
터벅

투수, 와인드업.
스윽
아, 타자를 고의
4구로 내보내나요?
1루를 채우려고
하고 있습니다.
벌떡
무사 만루가 됩니다.
와아
때려치워!
그래
그래
돈이 아깝다!

투수코치가
투수를 격려하고
있지요?
와아
투수,
공 던집니다.
체인지업!
슈욱
슈우우웅
쳤습니다!
딱
3루수가
잡았습니다.
더블플레이를
시도하겠죠?
팍

145페이지에서 계속~

08:30
1 2 3 4 5 6 7 8 9
LG

7

다섯 번째 수업

투수와 포수에 관련된 야구 상식

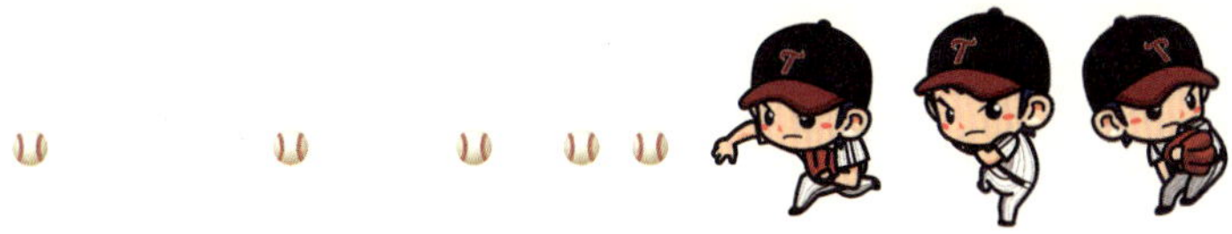

"오늘은 내게 아주 중요한 날이야. 그러니까 노삼진 아저씨가 설명하는 동안 시시콜콜한 농담이나 잡담은 하지 말아 줘."

오늘도 야구 수업을 위해 집을 나선 브라보가 제법 진지한 얼굴로 바비에게 부탁을 해 왔다. 바비가 고개를 끄덕여 보이더니 입을 열었다.

"오늘은 내게도 아주 중요한 날이야. 그러니까 우리 오늘은 엉뚱한 질문이나 괜한 밀다툼으로 시간 낭비하시 말도록 하사."

브라보와 바비는 오늘 배울 내용을 머릿속으로 상상하며 트윈스 야구 연습장으로 향했다. 노삼진이 어제 헤어질 무렵, 다음 시간은 투수와 포수에 관련된 것들을 배울 것이라고 예고한 다음부터 브라보의 마음은 왠지 모르게 긴장이 되었다. 노삼진이 들려주는 이야기 속에 견제구를 이길 수 있는 비결이 숨어 있을 것만 같았기 때문이다.

바비 역시 들뜬 마음으로 오늘 수업을 기다렸다. 견제구와 자연스럽게 친해지려면 투수에 대해 잘 알아둘 필요가 있다는 생각이 들어서였다.

"투수와 포수를 묶어 뭐라고 부르는지 아니?"

수업이 시작되자마자 노삼진이 물었다.

"파트너? 짝꿍?"

바비가 얼른 대답했다. 그러나 그다지 자신 있는 얼굴은 아니었다.

"야, 너 시답잖은 대답 안 하기로 했잖아."

브라보가 바비를 쿡쿡 찔렀다.

"시답잖다니? 나, 지금 진지해."

바비도 지지 않고 브라보의 팔을 꼬집었다. 노삼진은 못 본 척 말을 이어나갔다.

"투수와 포수를 합쳐서 배터리라고 부른단다. 실제 야구 경기에서도 배터리라는 말을 자주 들을 수 있지."

"배터리요? 건전지 말이에요?"

"야구에서 웬 건전지?"

눈이 동그래진 브라보와 바비를 향해 노삼진이 미소를 지어 보였다.

"배터리가 건전지를 의미하기도 하지만, 야구에서는 두 가지 뜻이 있단다. 우선 배터리는 '서로 연결되어 있는 한 조'를 의미하기도 하고, '맹렬히 공격하다'라는 뜻도 있지. 아마 조를 이루어 타자를 맹렬히 공격한다는 의미에서 배터리라고 부르게 된 게 아닐까?"

브라보와 바비는 그제야 고개를 끄덕였다.

"오늘은 배터리에 대해 이야기를 나눠 보자꾸나. 일단 투수는 타자에게 공을 던지는 선수이고, 포수는 투수가 던진 공을 받는 선수이지. 그런데 포수는 단순히 투수가 던진 공을 받기만 하는 게 아니야. 투수가 어떤 공을 던지면 좋을지 사인을 보내기도 하고, 누에 나가 있는 주자를 견제하는 일도 하지. 주자가 홈으로 들어올 때 득점을 막기 위해 여러 가지 역할을 하기도 하고. 그래서 투수와 포수가 호흡이 잘 맞아야 게임이 잘 풀리는 거야."

노삼진은 브라보와 바비를 차례로 쳐다보았다.

"브라보야, 바비야, 투수와 포수에 대해 궁금한 것이 있으면 질문해 보거라. 오늘은 너희의 질문으로 시작해 보려고 한단다. 너희가 아는 만큼만 질문해 보렴. 나머지는 내가 보충해 줄 테니까."

브라보는 벌써부터 엉덩이가 들썩거렸다. 궁금한 것이 너무 많아 어느 것부터 물어봐야 할지 따져 봐야 할 정도였다.

"우선 투수가 던지는 여러 가지 구질에 대해 알고 싶어요. 커브, 슬라이더, 직구……. 여러 가지 있던데요."

"좋아. 투수가 던지는 공은 직구와 변화구로 나눌 수 있어. 직구, 즉 패스트볼은 공을 변화 없이 직선으로 던지는 것이지. 직구는 위로 약간 떠오르는 라이징 패스트볼, 타자 앞에서 약간 좌우로 휘는 컷 패스트볼, 두 손가락을 공의 실밥 4개에 걸쳐서 던지는 포심 패스트볼, 두 손가락을 공의 실밥 2개에 걸쳐서 던지는 투심 패스트볼로 나눌 수 있어. 투심 패스트볼은 직구처럼 날아가다가 타자 앞에서 포물선을 그리며 아래로 떨어지지."

노삼진은 입이 마르는지 물을 한 모금 들이켰다.

"자, 이번에는 변화구 차례지? 변화구는 말 그대로 진행 방향이 바뀌는 공을 말해. 그중에서 커브는 밑으로 떨어지는 변화구가 아니라 옆으로 휘어지는 변화구야. 안쪽으로 휘어지면 인커브, 바깥쪽으로 휘어지면 아웃커브라고 하지. 슬라이더는 타자 가까이까지는 직구처럼 보이다가 타가 바로 앞에서 공의 방향이 미끄러지듯 바깥쪽으로 빠지는 변화구지. 체인지업은 투수의 자세나 투구할 때 팔의 속도로 보아 빠른 직구를 던지는 것처럼 보이지만, 실제로 타자에게 날아오는 속도는 직구보다 느린 공이야. 타자들이 체인지볼에 감쪽같이 속으면 공을 치는 타이밍을 놓칠 수 있겠지? 그걸 노리는 거야."

노삼진은 눈짓으로 이해할 수 있겠느냐는 의사를 전달했다. 그러자 브라보와 바비도 쉽고 재미있는 설명이라는 뜻을 눈짓으로 건넸다.

"혹시 너클볼이라는 말은 들어 본 적 있니?"

노삼진이 물었다. 브라보와 바비 둘 다 고개를 절레절레 저었다.

"너클볼은 날아갈 때 공에 회전에 기의 없이 방향을 예측하기가 어려운 변화구야. 볼이 떨리는 것처럼 보일 때도 있고 갑자기 뚝 떨어지거나 휘어 버려서 타자들이 치기가 아주 까다롭지."

"그럼 너클볼을 자주 던지면 아웃시키기 쉬워지겠네요?"

바비가 물었다. 옆에서 브라보가 같은 생각이라는 듯 고개를 끄덕였다.

“물론 그렇긴 하지만, 문제점이 하나 있다. 투수도 자신이 원하는 방향으로 공을 던지지 어렵다는 거지. 하하하.”

브라보와 바비도 덩달아 따라 웃었다.

“포크볼도 변화구의 한 종류야. 투수가 집게손가락과 가운뎃손가락 사이에 끼어 던지는 포크볼은 공이 직구처럼 날아가다가 갑자기 밑으로 뚝 떨어지지. 포크볼에 속으면 타자들이 헛스윙을 하기 십상이야. 싱커도 타자 앞에서 갑자기 밑으로 떨어지는 변화구란다. 음, 또 뭐가 있을까……. 아! 역회전볼이란 게 있는데, 거꾸로 회전하도록 던지는 공이야. 상당히 위력적이기는 한데, 어깨와 팔꿈치 쪽에 무리를 줄 수 있어 부상의 위험이 따르는 방법이지.”

“공 하나를 가지고 던지는 방법이 이렇게 여러 가지일 줄 상상도 못했어요.”

바비가 혀를 내둘렀다.

“저도 직구와 변화구 정도는 알고 있었는데요, 직구와 변화구의 종류가 이렇게 다양한지는 몰랐어요. 투수들은 정말 힘들겠어요.”

“겨우 이 정도 가지고? 야구 경기에서 자주 나오는 것 위주로 설명했으니 이 정도지. 실제로 야구 경기에서 투수들이 던지는 공은 이것보다 훨씬 다양하단다.”

브라보와 바비가 놀란 표정으로 서로를 쳐다보았다.

"그때 견제구가 너한테 던진 공은 뭐였던 것 같아?"

브라보는 허를 찔린 듯 움찔했다.

"그걸 지금 왜 묻는 건데?"

"견제구의 주무기가 무엇인지 궁금해서 그렇지."

"그깟 녀석이 주무기가 있기나 하겠어? 그냥 단순한 직구밖에 못 던지겠지."

"그럼 그 단순한 직구에 손 한번 못 쓰고 당했던 거야?"

순간 브라보의 얼굴이 빨개졌다. 브라보는 당장이라도 달려들 기세로 바비를 쏘아보았다. 바비가 얼른 화제를 돌리기 위해 노삼진에게 질문했다.

"투수가 공을 던질 때 해설자가 '투 앤 투'라느니, '원 쓰리'라는 말을 자주 하던데 그건 무슨 뜻이에요?"

"아, 그건 투수가 타자에게 던진 공 중 볼과 스트라이크 개수를 계산한 거야. 앞의 것이 스트라이크이고 뒤의 것이 볼이지. 투 앤 투라는 것은 투 스트라이크 투 볼이라는 뜻이고 원 쓰리라는 것은 원 스트라이크 쓰리 볼을 말하지. 투 스트라이크 쓰리 볼일 때는 풀 카운트라고 한단다. 궁금한 거 더 없니?"

"저도 질문 있어요."

브라보가 얼굴도 들지 못한 채 기어들어가는 목소리로 물었다.

"투수가 던진 공을 포수가 못 잡았을 때 어느 때는 와일드피칭이라고 그러고 어느 때는 패스트볼이라고 하던데 도대체 뭐가 다른 거예요?"

"브라보야, 왜 무슨 잘못이라도 한 사람처럼 고개를 못 드니?"

"그날 일만 생각하면 고개를 들지 못할 만큼 얼굴이 화끈거리는데, 바비는 매번 저를 골탕 먹이려고 그 얘기를 꺼낸단 말이에요."

"오빠를 자극해서 야구 공부를 더 열심히 하게 만들려고 하는 거야. 왜 내 마음을 몰라 줘."

"오히려 사기가 꺾여서 야구 공부를 접어야겠다는 생각만 든다, 이 바보야."

"그래, 바비야. 이제 그만 하렴. 이제부터 그때 이야기는 이 야구 연습장에서 절대 금지다. 알겠지? 그러니까 브라보야, 고개를 들고 즐겁게 대화를 나누자꾸나."

브라보가 겨우 고개를 들었다. 그러자 노삼진은 브라보와 눈을 맞추고 이야기를 이어나갔다.

"와일드피칭과 패스트볼은 누구 실수로 공을 놓쳤느냐에 따라 결정되는 거야. 와일드피칭은 폭투라고도 하는데, 포수가 도저히 잡을 수 없을 정도로 투수가 공을 엉망으로 던졌을 때 적용된단다.

패스트볼은 충분히 잡을 수 있는 공이었음에도 불구하고 포수 실수로 놓쳤을 때 적용되지."

"아주 간단한 건데 제가 모르고 있었네요. 실제로 규칙 자체는 별로 어렵지 않은데 용어가 너무 어려워 야구까지 멀게 느껴졌던 것 같아요."

"맞는 말이야. 사실 알고 보면 야구처럼 쉬운 스포츠도 없거든."

"그럼 오늘 수업은 여기에서 끝인가요?"

"어림없는 소리! 아직 본격적으로 시작도 안 했는걸. 지금까지 이야기한 것은 가장 기본적인 것들이고, 이번에도 좀 더 자세한 내용은 정리를 해서 자료로 만들었으니 한 번 살펴보렴."

브라보와 바비는 노삼진이 건넨 자료를 보물지도라도 되는 양 소중하게 받아들었다. 그러고는 한 줄 한 줄 읽기 시작했다.

신통방통 머리에 쏙쏙

실전 야구 완벽 정리

••• 스트라이크

투수가 던진 공이 스트라이크 존을 통과했을 때, 타자가 헛스윙을 하거나 노 아웃이나 원 아웃일 때 타자가 쳐서 파울볼이 된 것, 파울팁이 되었을 때 스트라이크가 선언된다.

••• 삼진(스트라이크아웃)

타자가 세 개의 스트라이크로 아웃되는 것이다.

••• 스트라이크 존

투수가 던진 공이 스트라이크가 되는 공간으로, 타자가 타격 자세를 취했을 때 겨드랑이에서 무릎 사이이며 홈 플레이트 위를 지나야 한다.

••• 스트리트포볼

투수가 스트라이크를 하나도 못 던지고 연속으로 볼 4개를 허용한 경우이다.

••• 노히트 노런

투수가 안타를 한 개도 허용하지 않고 실점 없이 경기를 마무리한 경우이다.

••• 퍼펙트 게임

투수가 안타뿐만 아니라 볼넷도 허용하지 않아 단 한 명의 주자도 출루시키지 않은 경우를 말한다.

••• 이닝

투수가 공을 던진 횟수이다.

••• 선발투수

1회부터 출전하는 투수를 가리킨다.

••• 구원투수

선발투수가 위기에 빠졌을 때 교체되어 대신 던지는 투수로, 상대 타선의 불

을 끄러 나왔다는 의미로 소방관이라고 부르기도 한다.

••• 강속구투수

강한 힘과 스피드가 곁들여진 강속구를 주무기로 하는 투수이다.

••• 기교파투수

공의 속도보다는 컨트롤을 주무기로 하는 투수이다.

••• 오버핸드스로

손을 뒤에서부터 머리 위로 휘두르며 아래로 던지는 투구법으로, 오른손 오버핸드스로 투수를 '정통파'라고 부른다.

••• 언더핸드스로

팔을 허리 아래에서 위로 쳐올리듯이 던지는 투구법을 말한다.

••• 사이드암스로

손을 옆으로 하여 던지는 투구법으로 오버핸드스로와 언더핸드스로의 중간 형태이다.

••• 완봉승

투수가 상대 팀에 한 점도 주지 않고 승리를 거두는 것이다.

••• 완투승

투수가 한 경기를 처음부터 끝까지 던져 승리를 거두는 것이다.

••• 선발승

선발투수가 얻은 승리를 말한다.

••• 구원승

구원투수가 얻은 승리를 말한다.

••• 승리투수

팀이 승리를 거두는 데 결정적인 역할을 한 투수로, 선발 투수인 경우에는 5회 이상 던지고 등판 중에 자신의 팀이 이기고 있어야 승리투수가 될 수 있다.

••• 패전투수

패배의 원인이 된 점수를 내주어 패배에 대한 책임을 지는 투수이다.

••• 자책점

투수가 안타, 볼넷, 데드볼 등을 허용해 상대편에 내준 점수이다.

••• 세이브

선발투수의 승리를 지켜낸 구원투수에게 주어지는 기록이다.

••• 세이브 포인트

구원승 수에 세이브 수를 더한 것이다.

••• 견제구

주자를 견제하기 위해 투수나 포수가 수비수에게 송구하는 것을 말한다.

••• 투수견제

주자가 리드하지 못하도록 투수가 주자가 있는 누로 공을 던지거나 던지려는 행동을 보이는 것이다.

••• 고의4구

수비를 수월하게 하기 위해서, 또는 강타자를 피하기 위해서 투수가 타자를 일부러 볼넷으로 내보내는 것이다.

••• 구사

투수가 공을 자유자재로 던지는 것이다.

••• 낙차

투수가 커브를 던질 때 공이 높은 곳에 이를 때와 낮은 곳으로 떨어졌을 때의 차를 말한다.

••• 코너워크

투수가 스트라이크 존의 인코스와 아웃코스로 교묘하게 공을 던지는 기술을 말한다.

••• 빈볼

투수가 일부러 타자의 머리 쪽에 공을 던져 위협을 가하는 것을 말한다.

••• 등판

투수가 마운드로 나가 경기에 임하는 것이다.

••• 세트포지션

투수가 공을 던질 때 한쪽 발을 투수판에 대고 다른 쪽 발은 투수판 앞으로 내밀어 공을 두 손으로 몸 앞쪽에서 잡고 1초 이상 정지한 다음 공을 던지는 동작으로, 주로 주자가 있을 때 취하는 자세이다.

••• 와인드업

투수가 공을 던질 때 손을 위로 올리면서 발을 들어 올리는 동작이다.

••• 인코너

타자 몸 쪽의 스트라이크 존을 말한다.

••• 아웃코너

타자 바깥쪽의 스트라이크 존을 말한다.

••• 에이스

한 팀의 기둥이 되는 투수이다.

••• 우완투수

오른손잡이 투수이다.

••• 좌완투수

왼손잡이 투수이다.

••• 인터벌

투수가 공을 던지는 시간 간격을 말한다.

••• 초구

투수가 타자에게 던지는 첫 번째 공이다.

••• 탈삼진

투수가 타자를 삼진으로 아웃시키는 것이다.

••• 투수전

양 팀에서 안타가 거의 나오지 않아 득점을 주고받지 못하는 투수 위주의 경기로, 난타전과 반대되는 양상이다.

••• 배터리에러

볼넷이나 몸에 맞는 볼, 보크, 패스트볼, 와일드피칭 등 배터리의 잘못으로 타자를 출루시키는 것이다.

••• 피치아웃

투수가 도루나 스퀴즈 같은 상대팀의 작전을 막기 위해 포수와 합의하여 일부러 타자가 치지 못하도록 스트라이크 존을 크게 벗어나게 던지는 것을 말한다.

••• 피홈런

투수가 홈런을 허용하는 것이다.

"다 끝났다."

바비가 기지개를 켜며 자리에서 일어났다. 그러자 둘에게 과제를 내주고 한쪽에서 야구 연습장 시설을 손보고 있던 노삼진이 슬슬 다가왔다.

"그 많은 걸 벌써 다 읽었니? 이거 완전히 야구 신동인데."

"오늘은 어제와 그제에 비하면 양도 적고 내용도 훨씬 쉽던걸요."

노삼진과 바비가 바로 옆에서 대화를 나누는데도 브라보는 아무 말 없이 종이만 뚫어져라 쳐다보고 있었다.

"브라보야."

"……."

"브라보!"

"네?"

"무슨 생각을 그리 골똘히 하고 있니? 열심히 공부하고 있는 줄 알았더니 딴 생각하고 있었구나."

"이건 진작 끝냈고요, 궁금한 게 있어서 답을 찾고 있던 중이에요."

"뭐가 그리 궁금했는데?"

"투수와 관련된 자료를 보다 보니까 왼손 타자가 왼손 투수에게 약하고, 언더핸드 투수가 왼손 타자에게 약하다는 것이 사실인지 궁금해지더라고요."

"그렇다고 알려져 있지. 그래서 실점 위기에 처했을 때 공격 팀에서 왼손 타자가 나오면 원포인트릴리프(수비 팀이 한 명의 타자를 상대하기 위해 내보내는 구원투수)로 왼손 투수를 내보내는 경우를 자주 볼 수 있지. 또 언더핸드 투수가 구원투수로 등판하면 공격 팀에서는 왼손 타자를 대타로 내보내는 경우도 많단다."

"정말 그런지 야구 경기를 보면서 꼭 확인해 봐야겠다."

바비가 활짝 웃으며 말했다. 바비에게 야구는 이제 떼려야 뗄 수 없는 생활의 일부분이 되어 가고 있었다.

"이 정도 배웠으면 아마 야구 경기를 즐기는 데 그다지 걸림돌이 없을 거야. 웬만한 기본 상식들은 다 배웠으니까. 여기까지 잘 따라와 줘서 정말 기특하구나."

"벌써 헤어질 것처럼 왜 그러세요? 오늘이 다섯째 날이었으니까 아직 절반밖에 배우지 못했잖아요."

바비가 정색을 하며 물었다.

"이제 기본적인 것은 어느 정도 배웠다는 의미야. 내일부터는 좀 더 세부적인 내용을 배워 보도록 하자. 절반의 성공을 거둔 의미에서 지금까지 배운 내용을 집에 가서 다시 한 번 되짚어 보고."

바비는 집으로 돌아가는 길에 큰맘 먹고 편의점에 들러 과자와 아이스크림을 샀다. 시시콜콜한 농담이나 괜한 말다툼하지 않기로 단단히 약속해 놓고 괜히 야구부 입단 테스트 이야기를 꺼내 브라보의 마음을 상하게 한 게 못내 마음에 걸렸기 때문이었다. 바비는 브라보를 데리고 공원으로 가서 큰맘 먹고 마련한 간식거리를 나누어먹었다. 바비의 갑작스런 만찬에 초대된 브라보는 그제야 얼굴을 펴고 미소를 지었다.

노삼진의 야구 과외

배터리 투수와 포수를 묶어 부르는 말이다.

직구 공을 변화 없이 직선으로 던지는 것으로 라이징 패스트볼, 컷 패스트볼, 포심 패스트볼, 투심 패스트볼로 나뉜다.

변화구 공의 진행 방향이 바뀌는 것으로 커브, 슬라이더, 체인지업, 너클볼, 포크볼, 싱커 등이 있다.

볼카운트 투수가 타자에게 던진 공 중 볼과 스트라이크 개수를 계산한 것을 말한다.

와일드피칭 포수가 도저히 잡을 수 없을 정도로 투수가 공을 엉망으로 던진 경우를 말한다.

노히트 노런 투수가 안타를 한 개도 허용하지 않고 실점 없이 경기를 마무리한 경우이다.

퍼펙트 게임 투수가 안타뿐만 아니라 볼넷도 허용하지 않아 단 한 명의 주자도 출루시키지 않은 경우이다.

오버핸드스로 손을 뒤에서부터 머리 위로 휘두르며 아래로 던지는 투구법으로, 오른손 오버핸드스로 투수를 '정통파'라고 부른다.

언더핸드스로 팔을 허리 아래에서 위로 쳐올리듯이 던지는 투구법이다.

사이드암스로 손을 옆으로 하여 던지는 투구법으로 오버핸드스로와 언더핸드스로의 중간 형태이다.

완봉승 투수가 상대 팀에 한 점도 주지 않고 승리를 거둔 것이다.

완투승 투수가 한 경기를 처음부터 끝까지 던져 승리를 거두는 것이다.

자책점 투수가 안타, 볼넷, 데드볼 등을 허용해 상대편에 내준 점수이다.

세이브 선발투수의 승리를 지켜낸 구원투수에게 주어지는 기록이다.

고의4구 수비를 수월하게 하기 위해서, 또는 강타자를 피하기 위해서 투수가 타자를 일부러 볼넷으로 내보내는 것이다.

코너워크 투수가 스트라이크 존의 인코스와 아웃코스로 교묘하게 공을 던지는 기술을 말한다.

세트포지션 투수가 공을 던질 때 한쪽 발을 투수판에 대고 다른 쪽 발은 투수판 앞으로 내밀어 공을 두 손으로 몸 앞쪽에서 잡고 1초 이상 정지한 다음 공을 던지는 동작으로, 주로 주자가 있을 때 취하는 자세이다.

와인드업 투수가 공을 던질 때 손을 위로 올리면서 발을 들어 올리는 동작이다.

에이스 한 팀의 기둥이 되는 투수이다.

투수전 양 팀에서 안타가 거의 나오지 않아 득점을 주고받지 못하는 투수 위주의 경기로, 난타전과 반대되는 양상이다.

탁
2루 주자 3루에서
포스 아웃!
휙
탁
1루 주자
2루에서
포스 아웃!
삼중살!
타자까지 아웃입니다.
팍
트리플플레이로
위기에서
벗어납니다.
와
역시 스포츠는
각본 없는
드라마지요?
정말 손에
땀을 쥐게 하네요.

와
역시 우리 LG가 최고다!
와아아
오늘 야구 보러 오길 잘했네.
와
정말 못 말려.
와
잘하면 칭찬하고 못하면 욕하고, 그런 게 어디 있어?
저건 야구를 진정으로 사랑하는 모습이 아니야.
와
잘할 때 격려하고, 못할 때 더 격려해 주는 게 진정한 야구팬의 모습이지.

와아
LG의 공격이 시작되지요?
빵
스트라이크!
초구에 스트라이크가 들어오네요.
장타력 선수, 방망이 길게 잡고 있는데요.
큰 거 노리고 있습니다.
슈욱

164페이지에서 계속~

08:30
LG

8

여섯 번째 수업

각종 기록들은 어떻게 내나

시간에 맞춰 도착한 브라보와 바비는 연방 키득거렸다. 노삼진은 영문을 알 수 없어 그저 쳐다만 볼 뿐이었다.

"우린 아저씨가 과거에 한 일을 다 알고 있어요."

바비가 웃음을 거두고 심각한 표정을 지으며 말했다.

"과거? 그게 도대체 무슨 말이냐?"

"아저씨 뒷조사를 좀 했거든요."

브라보도 한몫 거들었다. 노삼진은 다른 날과는 좀 다른 아이들의 태도 때문에 어찌할 바를 몰라 했다.

"브라보 오빠, 아저씨 긴장해서 식은땀까지 흘리시는 것 좀 봐. 이제 장난 그만하자."

브라보와 바비는 장난스러운 얼굴을 거두고 노삼진 옆으로 가 앉았다.

"인터넷으로 아저씨의 과거 활약상을 찾아봤거든요."

"오, 그래? 나와 관련해서 어떤 기록이 나오던?"

"3년 연속 타격 3관왕! 정말 대단해요."

브라보가 잔뜩 흥분한 목소리로 소리쳤다.

"타격 3관왕이란 타점, 타율, 홈런에서 1위를 차지했다는 말이지요?"

바비도 한몫 거들었다. 노삼진의 얼굴은 뿌듯함으로 가득했다.

"벌써 10년 전 일이 되었구나. 한때는 날아가는 새도 잡을 수 있을 것처럼 몸도 가볍고 자신감도 넘쳤는데 나이가 들수록 늘어가는 건 이 뱃살뿐이구나. 하하하."

"선수 시절에도 배는 나왔던데……."

바비가 혼잣말로 중얼거렸다. 그 소리를 들었는지 노삼진은 헛기침을 몇 번 하며 어찌할 바를 몰라 했다.

"그런데 아저씨! 타점, 타율, 홈런 같은 건 어떻게 순위를 매기는 거예요? 투수 성적도 순위를 매기던데, 그건 또 어떻게 하는 거지요?"

어색한 분위기를 벗어나기 위해 브라보가 끼어들었다.

"안 그래도 오늘 야구의 여러 기록들과 그 기록을 계산하는 방법에 대해 이야기하려고 했단다. 그러니까 오늘은 수학의 힘을 좀 빌려야 해.”

“어쩌죠? 브라보 오빠는 수학을 정말 못하는데요. 지난번 수학 시험에서 40점 맞았어요.”

“정말이니? 허허허. 그러는 바비는 수학 실력이 어떠니?”

“저야 뭐, 브라보 오빠의 더블스코어지요. 저는 80점 맞았어요.”

“음, 그렇군. 하지만 기록을 계산해 낼 때 대단한 수학 실력이 필요한 건 아니란다.”

노삼진은 옆에 놓여 있는 방망이와 공을 집어 올리더니 물었다.

“타자와 관련된 기록부터 알아볼까, 아니면 투수와 관련된 기록부터 알아볼까?”

“이왕 말이 나온 김에 타자에 관련된 것부터 가르쳐 주세요. 타격 3관왕에서 홈런은 알겠어요. 한 시즌에 친 홈런 개수를 합치면 되잖아요. 그런데 타점과 타율은 좀 헷갈려요.”

“알았다, 브라보야. 하지만 알고 보면 그리 헷갈릴 것도 없단다. 우선 타점은 한마디로 득점타를 말하는 거야. 안타를 쳐서 타자 자신이나 다른 주자를 홈으로 불러들여 점수를 얻었을 때 주어지는 기록이지. 물론 홈런을 쳤을 때도 타점을 올릴 수 있단다. 솔로 홈런일 때는 1타점이 올라가고, 만루 홈런일 때는 4타점이 올라가지. 타율은 타점보다 조금 복잡하단다. 타율은 타자의 타격 정확도를 따지는 기록이기 때문이지. 선수가 친 안타를 타수(실제로 타석에 나온 횟수에서 데드볼이나 볼넷, 희생타, 타격 방해에 의해 출루한 횟수를 뺀 수)로 나누어 계산한단다. 타율은 소수점 셋째 자리까지 나타내는데, 소수점 첫째 자리는 '할', 소수점 둘째 자리는 '푼', 소수점 셋째 자리는 '리'가 되지. 예를 들어 어떤 선수가 3번 타석에 나와 1번 안타를 쳤다고 해 보자. 그럼 타율이 0.3333…이 나오겠지? 그럼 이 선수의 타율은 3할 3푼 3리가 되는 거야. 그런데……."

"우와! 아저씨 설명이 우리 선생님 설명보다 훨씬 쉽고 친절한걸요?"

바비가 또다시 호들갑을 떨었다. 칭찬을 받은 노삼진은 더욱 경쾌하게 설명을 이어나갔다.

"타율 중에는 장타율이라는 것도 있단다. 장타율은 타자가 친 안타 가운데 2루타 이상의 장타가 얼마나 되는지 그 비율을 따져 보는 것이지. 장타율을 계산할 때는 먼저 타자가 친 1루타를 1, 2루타를 2, 3루타를 3, 홈런을 4로 하여 모두 합친 다음, 이것을 타수로 나누어 주는 거야. 그렇게 해서 나온 값이 바로 장타율이야. 장타율 또한 소수점 셋째 자리까지 나타낸단다."

노삼진이 잠깐 설명을 멈추더니 물을 꿀꺽꿀꺽 들이켰다.

“나 혼자 주절주절 말하니까 좀 힘이 드는구나. 아, 그게 좋겠다! 오늘은 내가 너희에게 문제를 내는 거야. 지금까지 배운 내용을 잘 생각해 보면 답을 찾아낼 수 있을 테니 미리 긴장하지 말고.”

“네, 좋아요. 서당 개 삼 년이면 풍월도 읊는다잖아요. 저는 자신 있어요.”

브라보가 두 주먹을 불끈 쥐어 보였다.

“저도요! 잘할 수 있을 것 같아요.”

바비 역시 의욕이 가득한 얼굴이었다.

“그럼 첫 번째 문제! 출루율이란 과연 무엇일까?”

“저요!”

브라보가 먼저 손을 번쩍 들어 올렸다.

“말 속에 정답이 숨어 있네요. 타자가 얼마나 출루했는지는 나타내는 기록 맞지요?”

“딩동댕! 그렇다면 출루율은 어떻게 계산할까?”

“…….”

“오빠는 이번 수학 시험에서 40점 맞았다니까요. 바랄 걸 바라셔야지요.”

바비의 입가에 옅은 미소가 번졌다.

“잘 듣거라. 출루율은 ‘안타와 데드볼과 볼넷을 더한 수’를 ‘전체 타수와 볼넷, 희생플라이를 더한 수’로 나누는 거야. 브라보야, 좀 복잡하지?”

“요즘엔 계산기가 있으니까요. 하하하.”

“브라보 말이 맞아. 누가 요즘 일일이 숫자를 계산하고 있니? 기계가 다 알아서 해 주는데 말이야. 그럼 두 번째 문제로 넘어가 볼까? 야구에서 순위를 매길 때 ‘게임차’라는 말을 자주 사용한단다. 그렇다면 게임차는 무엇을 말하는 것일까?”

이번엔 바비가 손을 들었다.

“그건 제가 대답해 볼게요. 각 팀이 치른 게임 수의 차를 나타낸 게 아닐까요?”

“음……. 그렇게 단순한 용어가 아니야. 게임차는 상위 팀과 하위 팀 간의 승전과 패전 경기 수의 차이를 말하는 거야. 게임차는 팀 간의 성적을 비교하는 척도가 되지. 게임차는 먼저 ‘상위 팀이 승리한 경기 수'−'하위 팀이 승리한 경기 수'를 계산한 뒤 여기에 '하위 팀이 패배한 경기 수'−'상위 팀이 패배한 경기 수'를 더하는 거야. 그리고 이것을 2로 나누면 게임차를 계산할 수 있단다."

"그럼 게임차가 클수록 하위 팀이 상위팀을 따라잡기 힘들다는 뜻이겠네요."

"바로 그거야."

노삼진이 흐뭇한 얼굴로 브라보 머리를 쓰다듬었다.

"자, 이번엔 방어율 차례야. 방어율이란 무엇을 말하는 걸까? 힌트를 주면 방어율은 평균자책점이라고 하기도 한단다."

"이게 맞는지는 모르겠지만……. 투수가 한 경기에 허용한 점수를 평균 낸 것이 아닐까요?"

"빙고! 브라보야, 아주 정확한 대답이었어. 그런데 주의할 게 있는데, 여기에서 점수란 투수의 자책점을 말해. 그러니까 수비수의 실책으로 내준 점수는 방어율에 포함이 안 되지. 방어율은 투수가 내준 자책점의 합을 투구횟수로 나눈 다음 9를 곱해서 구한단다."

"투구횟수가 뭔데요?"

"바비야, 그건 내가 대답해 줄게."

브라보가 끼어들었다.

"투구횟수라는 건 투수가 경기에 임한 이닝 수를 말하는 거야. 만약 타자 한 명만 아웃시켰을 경우에는 3분의 1이닝, 타자 두 명을 아웃시켰을 때는 3분의 2이닝, 그리고 3명의 타자를 아웃시키면 그제야 1이닝을 소화했다고 보는 거야."

노삼진이 팔짱을 끼며 고개를 끄덕였다.

"브라보가 아주 제법인걸. 그럼 수비율에 대해서도 설명할 수 있겠니?"

"수비수가 수비에 임할 때 실수 없이 얼마나 정확하게 처리하는가를 나타내는 확률이라는 것은 알지만, 어떻게 계산을 해야 하는 건지는 자세히 모르겠어요."

"그 정도만 알아도 아주 훌륭하다. 어차피 기록은 공식기록원들이 정확히 계산해서 알려 주니까 내용만 알고 있어도 돼. 참고로 수비율은 '자살 수+보살 수'를 '자살 수+보살 수+실책 수'로 나누는 거다. 자살이나 보살은 수비 편에서 이미 공부했지? 기억이 잘 안 나면 그때 주었던 자료들을 다시 살펴보도록 해라. 아참, 수비율 역시 소수점 셋째 자리까지 계산한단다."

"승률이라는 것도 있던데요?"

"오! 그래 바비야. 바로 그거였어. 내가 안 그래도 설명해 줄 것이 있는데 그게 뭔지 도통 생각이 안 나서 갑갑해하고 있던 참이었거든. 승률이란 팀의 성적을 가늠하는 척도가 되는데, 승리한 경기 수를 전체 경기 수로 나누어 소수점 셋째 자리까지 나타낸단다. 당연히 승률이 높은 팀이 순위도 높지."

"그런데 무승부일 경우에는 어떻게 해요?"

"오늘 너희의 질문이 아주 날카로운데?"

노삼진은 여기저기에서 쏟아지는 날카로운 질문에 진땀이 흐를 정도였지만 기분은 날아갈 듯 기뻤다. 그동안 공부한 것이 효과가 있다는 뜻이기 때문이었다. 또 한편으로 아이들이 그만큼 야구에 관심을 갖기 시작했다는 의미로 받아들여져 보람이 느껴졌다.

"승률을 계산할 때는 무승부도 포함시켜야 해. 대신 무승부 경기는 승리한 경기 수에는 0.5를 가산하고, 전체 경기 수에는 1을 가산하지. 한마디로 5할 이상의 승률을 가진 팀에서는 무승부가 많아지면 많아질수록 승률이 낮아지게 돼."

"지금껏 무승부는 승률에 전혀 영향을 주지 않는 줄 알았어요."

브라보가 장난스럽게 웃으며 말했다. 이젠 몰랐던 부분, 잘못 알고 있었던 부분을 서슴없이 털어놓을 정도로 노삼진과 허물없는 사이가 되어 있었다.

"자, 마지막 질문이다. 그렇다면 '매직 넘버'라는 건 무엇일까?"

"7이요! 행운의 숫자 7 말이에요."

"바비야, 7은 럭키 넘버 아니야? 우리는 지금 매직 넘버에 대해 이야기하고 있잖아. 매직 넘버는 마법의 수라는 뜻이니까 우승하고 관련이 있는 말 같아."

노삼진은 브라보와 바비가 진지한 얼굴로 의논을 하는 모습을 흐뭇하게 지켜보았다.

"그래, 오빠 말이 맞는 것 같아. 우승하는 데 필요한 경기 수? 승리 수? 에이, 잘 모르겠다."

한참 동안 말을 주고받던 브라보와 바비는 결국 두 손 들고 노삼진에게 도움을 청했다.

"거의 근처까지 다 왔는데 결국 포기하고 만 게냐? 매직 넘버라는 건 1위 팀이 자력으로 우승하는 데 필요한 승리 수를 말한단다. 예를 들어 1위 팀과 2위 팀의 게임차가 1이라고 했을 때 남은 경기가 두 팀 모두 3경기씩이라고 가정해 보자. 그런데 2위 팀이 3경기를 모두 승리하더라도 1위 팀은 2경기만 승리하면 게임차가 0.5 앞서 우승을 할 수 있지. 이때 1위 팀의 매직넘버는 2가 되는 거야."

"그래도 거의 비슷하게 맞혔네요."

브라보와 바비는 하이파이브하며 서로를 격려해 주었다.

"오늘 수업은 어땠니? 좀 복잡하기는 해도, 어디 가서 야구에 대해 아는 척 좀 하려면 알아 두어야 하는 내용이니 대충 넘기지 말거라. 알겠지? 그럼 조심해서 돌아가거라."

"아저씨!"

브라보는 얼른 뒤돌아서려던 노삼진을 불러 세웠다. 노삼진이 뒤로 돌아서는 순간, 요란스러운 폭죽 소리가 울려 퍼졌다.

"아저씨, 생일 축하해요!"

바비는 가방 속에 숨겨 두었던 생일 케이크를 꺼내 내밀었다.

"저희가 아저씨 뒷조사 좀 해 봤다고 했잖아요. 그랬더니 바로 오늘이 아저씨가 태어나신 날이더라고요. 사부님 생신이신데 그냥 넘어갈 수 있나요? 그동안 모아 두었던 비상금을 꺼내 작은 케이크 하나 샀어요."

노삼진은 예상치 못한 이벤트에 어리둥절했지만 더없이 즐겁고 뿌듯한 기분이 들었다. 브라보와 바비가 생일 축하 노래를 불러 줄 때는 눈물이 핑 돌기도 했다.

"세상에서 가장 맛있는 케이크구나. 고맙구나."

"고맙긴요. 아저씨는 세상에서 가장 재미있는 야구 수업을 매일같이 해 주시는데요."

노삼진은 생크림 하나 남기지 않고 케이크를 맛있게 먹어치웠다.

노삼진의 야구 과외

타격 3관왕 타점, 타율, 홈런에서 1위를 차지한 선수이다.

타점 안타를 쳐서 타자 자신이나 혹은 주자를 홈으로 불러들여 점수를 얻었을 때 주어지는 기록이다.

타율 타자의 타격 정확도를 따지는 기록으로 '선수가 친 안타 ÷ 타수'로 계산한다.

장타율 타자가 친 안타 가운데 2루타 이상 장타의 비율이다.

출루율 타자가 얼마나 출루했는지는 나타내는 기록이다.

게임차 팀 간의 성적을 비교하는 척도 중 하나이다.

방어율 투수가 한 경기에 허용한 점수를 평균 낸 기록으로, '(투수가 내준 자책점의 합 ÷ 투구횟수) × 9'로 계산한다.

투구횟수 투수가 경기에 임한 이닝 수를 말한다.

수비율 수비수가 수비에 임할 때 실수 없이 얼마나 정확하게 처리하는가를 나타내는 기록이다.

승률 팀 간의 성적을 비교하는 척도 중 하나로, '승리한 경기 수 ÷ 전체 경기 수'로 계산한다.

매직넘버 1위 팀이 자력으로 우승하는 데 필요한 승리 수를 말한다.

딱
슈슈슈슈

중견수 키를
넘겼습니다.
탁탁탁
와아
네, 그래서
타자는 2루까지
진루합니다.
공이 바운드 된 다음
펜스로 넘어갔지요?
LG팀에서는
아깝겠어요.
3루타도 기대해
볼 수 있는
타구였는데요.
와
한대박 선수는
강철완 투수에게
유독 강한 면모를
보이지요.
대타가 나왔군요.
감독이 마운드로
올라오는데요.
아, 투수가
교체됩니다.
와아

와
역시 기록야구를 중시하는
한승팀 감독, 투수를 교체하네요.
와
H
LG TWINS
와아
원포인트릴리프로
활용할 가능성이 높아요.

다시 공격
시작되지요?
와
몸에 맞았네요.
퍽
데드볼로 1루까지
진루합니다.
다음 타자, 타석에
들어섭니다.
와
뻥
스트라이크!
촤아악
방망이 돌아가네요.
투 스트라이크가
됩니다.
붕
볼카운트가 타자한테
불리한데요.

182페이지에서 계속~

08:30

9

일곱 번째 수업

야구에는 어떤 작전들이 있나

"오늘이 벌써 7일째 날이구나. 그런데 이거 원, 만난 지 7년이 지난 것처럼 정이 가네."

노삼진은 브라보와 바비가 올 시간을 기다리는 자신을 발견하고는 쓴웃음을 지었다. 처음 수업을 시작할 때까지만 해도 비슷한 나이로 보이는 브라보 아버지의 간절한 부탁을 거절할 수가 없어 등 떠밀리듯이 맞이했지만, 어느 순간부터 브라보와 바비를 만나는 시간이 하루 일과 중 가장 즐거운 시간이 되어 있었다.

노삼진은 오늘 아이들에게 알려 줄 내용을 다시 한 번 머릿속으로 되짚어 보았다. 그때 별안간 뒤에서 무언가 확 덮쳐왔다.

"어이쿠, 이게 뭐야?"

"아저씨 저예요."

브라보가 멋쩍게 웃고 있었다.

"예끼! 이 녀석아, 깜짝 놀랐잖아."

"현역 시절에는 강심장으로 유명하시더니, 이제는 많이 약해지셨나 봐요."

노삼진은 놀란 가슴을 쓸어내리고 자세를 가다듬었다.

"오늘은 야구 게임에 등장하는 여러 가지 작전에 대해서 살펴볼 거야. 야구 경기에서는 팀플레이가 아주 중요하단다. 팀플레이란 2명 이상의 선수가 작전에 따라 서로 협력하는 것을 말하지. 팀플레이에서는 팀의 승리를 위해 자신이 아웃되는 것도 기꺼이 감수한단다."

"정말 멋진걸요. 저도 야구부에 들어가면 팀플레이를 위해 제 한 몸 불사르는 것도 서슴지 않겠어요."

브라보가 당당한 표정으로 말했다.

"아주 좋은 생각이다. 그럼 오늘 수업을 잘 들어야겠구나. 자, 우선 히트앤드런과 런앤드히트에 대해 배워 보자. 히트앤드런은 우리말로 하면 '치고 달리기'라고 할 수 있어. 작전이 시작되면 투수가 투구 동작에 들어가는 동시에 주자는 다음 누로 달리고 타자는 무조건 공을 받아치지. 런앤드히트는 이것과는 조금 다른데, 주자가 무조건 다음 누를 향해 달리는 건 똑같지만 타자는 상황에 따라 공을 치지 않을 수도 있어. 무조건 공을 쳐내야 하는 히

트앤드런과는 이 점이 다르지. 번트앤드런과 런앤드번트도 단지 번트라는 점이 다를 뿐 기본 방식은 비슷해. 아참, 스퀴즈플레이라는 것도 있는데, 이것은 주자가 3루에 있을 때 시도하는 작전이야. 타자가 번트를 하는 동시에 3루 주자는 무조건 홈을 향해 달려오는 거지. 타자가 1루에서 아웃되면 아무 소용없으니까 아웃카운트가 노 아웃 또는 원 아웃일 때 시도할 수 있어."

"모두 득점 찬스를 살리거나 주자를 안전하게 진루시키기 위한 작전이군요."

브라보가 턱을 만지작거리며 제법 전문가다운 어투로 말했다.

그러자 바비가 옆에서 피식 웃었다.

"주자가 2명이 있는데, 그 2명이 모두 도루를 잘하는 선수들이라면 더블 스틸을 시도해 볼 수도 있어. 2명의 주자가 동시에 도루를 시도하는 거야. 주로 주자가 1루와 2루에 있을 때 2루와 3루로 뛰는 경우가 많지."

"그럼 한꺼번에 3명이 도루하는 경우도 있나요?"

"바비 생각에는 어떨 것 같니?"

"그건 불가능할 것 같은데요. 3명이 도루를 하려면 1루와 2루, 3루에 모두 주자가 있어야 한다는 말인데, 그럼 3루 주자는 도루

할 곳이 없잖아요."

"왜 없니? 홈이 있잖아. 홈으로 도루하는 것을 홈 스틸이라고 한다고 했던 거 잊었어?"

"에이, 그래도 어떻게 그런 게 가능하겠어요?"

"흔히 있는 일은 아니지만, 수비수들이 1루 주자와 2루 주자를 경계하는 동안 3루 주자가 홈으로 들어오는 경우가 있단다. 이것을 트리플 스틸이라고 하지."

"야구에서 불가능은 없군요."

바비의 능청스런 표정에 모두 웃음을 터트렸다.

"희생타 같은 경우도 팀플레이라고 할 수 있어. 희생번트나 보내기번트, 희생플라이 같은 경우가 대표적인 희생타지. 희생타 같은 경우는 자신이 아웃될 것을 감안하고 시도하기 때문에 노아웃이나 원 아웃일 때 가능해."

"마치 부모님의 사랑과도 같은 것이로군요. 자신이 희생해서라도 자식들 앞길을 열어 주고 싶은 부모님의 사랑 말이에요."

이번에도 바비가 정색을 하며 말했다. 마침내 노삼진은 더 이상 참지 못하고 웃음을 터트렸다.

"하하하! 우리 바비, 당장 시인이 되도 좋겠는걸. 생각하는 것이 아주 철학적이고 표현력도 풍부해."

이미 노삼진은 알면 알수록 유쾌하고 정이 가는 쌍둥이 남매에게 푹 빠져 있었다.

"혹시 수비하고 관련된 작전은 없나요?"

브라보의 날카로운 질문에 노삼진은 겨우 웃음을 거두고 평정을 되찾았다.

"물론 있지. 전진수비, 또는 압박수비라는 말 들어 봤니?"

"네, 공격 팀이 득점 기회를 만들었을 때 수비 팀에서 전진수비, 압박수비를 편다는 해설자의 이야기를 들은 적 있어요."

브라보가 마치 실제로 경기를 보고 있기라도 한 듯 잔뜩 흥분을 했다.

"전진수비와 압박수비는 같은 말이야. 3루 주자가 홈으로 들어오는 것을 막거나 주자가 진루하는 것을 막기 위해 수비수들이 베이스 라인 안쪽으로 이동하여 수비하는 거야. 수비수들은 필요에 따라 베이스 라인에서 수비를 펼치는 중간수비를 택하기도 해. 중간수비를 하면 타자가 친 공을 홈으로 송구할 것인지 아니면 더블플레이를 펼칠 것인지를 선택할 수 있단다. 보통 때는 내야수들이 베이스 라인 바깥쪽으로 나가 있는 건 잘 알지?"

"내야수들의 위치도 작전에 따라 바뀌는군요."

브라보와 바비가 고개를 끄덕였다.

"물론이야. 수비수의 위치에 따라 어이없는 안타를 내줄 수도 있고, 안타성 타구를 멋지게 아웃시킬 수도 있거든."

"맞아요. 수비가 최상의 공격이라는 말도 있잖아요."

"브라보까지 주옥같은 말을 하는구나. 오늘 너희가 한 말들로 어록을 하나 만들어도 되겠는걸. 그나저나 수비와 관련된 작전에 대해 아직 더 알아야 할 것이 있단다. 사인플레이라는 것도 수비할 때 중요한 작전이지. 감독이 사인을 보내면 투수는 타자가 원하는 공을 던지고, 수비수는 타자가 친 공이 향할 방향을 예측해서 미리 움직여 아웃시키는 거야."

그때 바비가 뭔가 생각났다는 듯이 말했다.

"아저씨, 대타나 대주자를 내보내는 것도 작전 중 하나가 아닐까요?"

"물론이지. 그것도 모두 작전에 의해서 바꾸는 거니까."

"그런데 도대체 무엇을 근거로 대타나 대주자로 나설 선수를 설정하나요? 구원투수도 그렇고요."

"그럴 때 필요한 게 바로 기록야구야. 기록야구는 확률야구라고도 하는데, 철저한 기록과 분석을 바탕으로 어떤 선수가 어떤 상황에서 성공률이 높은지 실패율이 높은지 판단하는 거야. 그 기록을 바탕으로 대타나 구원투수를 결정하는 경우가 많지. 수비를 할 때도 기록야구가 빛을 발휘하기도 해. 수비하는 팀에서 펼치는 작전 중에 '시프트'라는 것이 있는데, 타자의 타격 성향을 분석하여 타구가 가장 많이 향하는 곳으로 수비수가 자리를 옮겨 집중적으로 수비를 하는 거야."

"작전이 한둘이 아니니 작전 사인을 외우는 것도 보통 일이 아니겠어요."

브라보가 고개를 절레절레 저었다.

"그뿐인 줄 아니? 블로킹 사인이라고 해서 상대방이 알아차리지 못하게 여러 가지 사인을 섞어 전달하기도 하지."

"정말이요?"

브라보가 한숨을 푹 내쉬자 때를 놓치지 않고 바비가 끼어들었다.

"앞길이 캄캄하지? 야구부에 들어가는 과정도 만만치 않을 텐데, 막상 야구부원이 되더라도 빡빡한 훈련을 감당하면서 그 많은 사인까지 외우게 생겼네. 어때? 이제라도 포기하는 게 좋지 않을까?"

"으이구, 오늘은 웬일로 밉상 짓 안 하나 했더니 결국 막판에 한건 하는구나."

"아닌 게 아니라 오늘은 웬일로 너희 둘이 티격태격 안 하나 했다. 하루라도 다투지 않으면 입 안에 가시가 돋치기라도 하는 게냐?"

"적어도 저는 아니에요. 저는 싸움을 아주 싫어하는 사람이거든요."

"그래, 브라보야. 아주 기특하구나. 너의 그 평화주의를 바비한테도 전파해 주렴. 자, 오늘 수업은 이걸로 끝내자."

노삼진은 의자에 앉아 야구 연습장을 나서는 브라보와 바비의 뒷모습을 물끄러미 쳐다보았다. 둘은 계속 입씨름, 몸씨름 하며 점점 멀어져 가고 있었다.

노삼진의 야구 과외

히트앤드런 투수가 투구 동작에 들어가는 동시에 주자는 다음 누로 달리고 타자는 무조건 공을 받아치는 작전 이다.

런앤드히트 투수가 투구 동작에 들어가는 동시에 주자는 무조건 다음 누를 향해 달리고 타자는 상황에 따라 공을 쳐도 되고 치지 않아도 되는 작전이다.

번트앤드런 투수가 투구 동작에 들어가는 동시에 주자는 다음 누로 달리고 타자는 무조건 번트를 하는 작전이다.

런앤드번트 투수가 투구 동작에 들어가는 동시에 주자는 무조건 다음 누를 향해 달리고 타자는 상황에 따라 번트를 해도 되고 하지 않아도 되는 작전이다.

더블 스틸 2명의 주자가 동시에 시도하는 도루를 말한다.

트리플 스틸 3명의 주자가 동시에 시도하는 도루를 말한다.

희생타 희생번트나 보내기번트, 희생플라이처럼 자신이 아웃될 것을 감안하고 타격을 하는 것이다.

전진수비(압박수비) 3루 주자가 홈으로 들어오는 것을 막거나 주자가 진루하는 것을 막기 위해 수비수들이 베이스 라인 안쪽으로 이동하는 수비 형태이다.

중간수비 베이스 라인에서 수비를 펼치며 타자가 친 공을 홈으로 송구할 것인지 아니면 더블플레이를 펼칠 것인지를 결정하는 수비 형태이다.

사인플레이 감독이 사인을 보내면 투수는 타자가 원하는 공을 던지고, 수비수는 타자가 친 공이 향할 방향을 예측해서 미리 움직여 아웃시키는 작전이다.

기록야구(확률야구) 철저한 기록과 분석을 바탕으로 어떤 선수가 어떤 상황에서 성공률이 높은지 실패율이 높은지 판단하는 것을 말한다.

시프트 타자의 타격 성향을 분석하여 타구가 가장 많이 향하는 곳으로 수비수가 자리를 옮겨 집중적으로 수비하는 것이다.

블로킹 사인 상대방이 알아차리지 못하게 여러 가지 사인을 섞어 전달하는 것이다.

몸 쪽 직구죠?
슈욱
딱
내야 높이 떠오릅니다.
와
인필드
플라이!
인필드플라이가
선언되지요?
원아웃에
주자 1, 2루!
와
으이구, 답답해!
내가 그럴 줄 알았지.
와

안전하게 보내기번트를
하려고 합니다.
수비수들이 베이스
라인 안쪽으로
들어오지요?
와
쓱
딱
전진수비하던 2루수를
살짝 넘어가네요.
와
행운의 안타입니다.
와아

198페이지에서 계속~

08:30

10

여덟 번째 수업

어느 때 반칙이 되나

브라보의 표정이 심상치 않았다. 평소와는 다르게 잔뜩 긴장한 얼굴을 하고는 입을 굳게 다물고 있었다.

"브라보야, 학교에서 무슨 일 있었니? 분위기가 어째 썰렁하네."

그래도 브라보의 입은 열리지 않았다.

"브라보야, 너 진짜 왜 그래? 한번 말해 봐. 선생님께 혼났어? 친구랑 싸웠어? 도대체 너 왜 그러는 거야."

"야구 수업 시작하시죠."

브라보가 짤막하게 대답했다.

"이런 분위기로 어떻게 수업이 되겠니? 어서 말해 보거라. 왜 이리 기분이 안 좋은 거니?"

"사실……. 오늘 학교에서 견제구를 만났어요. 고개 푹 숙이고 그냥 지나치려고 하는데 견제구가 불러 세우더라고요. 다음 주금요일 신입 야구부원 입단 테스트가 있는데 다시 한 번 도전해 볼 거냐고 묻더라고요."

"그래서 뭐라고 대답했어? 당연히 도전해야지. 그러려고 지금 독한 마음먹고 야구 공부하고 있는 거 아냐?"

갑작스런 견제구 이야기에 바비가 더 안달이 나서 방방 뛰었다.

"도전할 거라고 아주 자신 있게 말했어."

"아주 잘했구나. 그런데 왜 이리 얼굴이 어둡니?"

"자신 있게 말했지만 사실은 자신이 없어서요."

"저런, 한 번의 실패로 너무 주눅이 들어 있구나. 하지만 지금의 너는 그때의 너와는 아주 다르단다. 지금까지 배운 것, 그리고 앞으로 3일 동안 배울 것만 잘 익혀도 신입 야구부원 입단 테스트에 거뜬히 합격할 수 있을 거야. 그나저나 이러고 있을 시간이 없구나. 질문 하나라도 더 받기 위해서는 얼른 수업을 시작해야겠다. 오늘의 수업 목표는 야구 게임 중 반칙이 되는 행동들에 대해 정확히 아는 거야."

노삼진은 주머니 속에서 작은 쪽지 하나를 꺼내 쭉 훑어보았다.

"그게 뭐예요? 혹시 커닝하시는 거 아니에요?"

바비가 뭔지 궁금해 노삼진 곁에서 기웃거렸다.

"하하하, 커닝이랑 비슷한 거야. 오늘 너희에게 알려 줄 내용들

을 죽 정리해 놓은 거니까. 음, 무엇부터 시작할까? 그래, 타격방해와 주루방해에 대해 먼저 이야기해 보자. 타격방해는 수비수가 타자의 타격을 방해하는 행위를 말해. 예를 들어 타자가 공을 치려고 하는데 포수가 너무 바짝 다가가 타자의 몸이나 방망이에 닿았다면 타격방해가 인정돼 타자가 1루까지 나갈 수 있단다. 이렇게 되면 포수에게는 실책이 적용되지. 주루방해는 수비수가 주자의 주루플레이를 방해하는 반칙행위야. 주루방해가 인정되면 주자는 한 개의 누 이상 진루할 수 있어."

"그러니까 수비수가 공을 치려는 타자와 닿거나 한참 달리고 있는 주자를 못 가게 막으면 반칙이 된다는 말씀이시죠?"

"바비가 간단명료하게 정리를 잘해 주었구나. 이번에는 반칙타구와 반칙투구에 알려 줄게. 타자가 타격을 할 때 정해진 구역 안에서 공을 쳐야 한다고 했었던 것 기억하니? 그 구역을 뭐라고 했더라?"

"네, 그걸 타석이라고 한다고 하셨어요."

노삼진이 얼른 대답을 한 브라보 쪽으로 고개를 돌렸다. 처음보다 표정이 많이 밝아진 듯해서 다행이었다.

"딩동댕! 정답이야. 타자는 반드시 타석 안에서 타격을 해야 한단다. 타석을 조금이라도 벗어나면 반칙타구로 인정되어 아웃이 되지. 규정에 어긋난 야구방망이를 사용하는 경우에도 반칙타구가 된단다. 반면 반칙투구는 투수가 정해진 규칙을 어긴 경우야. 투수판을 밟지 않고 공을 던진 경우나 타자가 미처 타격 자세를 취할 틈도 없이 먼저 공을 던지는 경우, 공에 흠집을 내거나 사포로 문질러 꺼칠꺼칠하게 만든 경우, 공에 이물질을 묻혀 미끄럽게 만든 경우, 공에 진흙이나 침 같은 것을 발라 던지는 경우에도 반칙투구가 되지. 빈볼도 반칙투구의 일종이야."

"혹시 보크도 반칙투구 아니에요?"

"그래, 안 그래도 지금 보크에 대해 이야기하려고 했단다."

노삼진은 야구 연습장 한쪽으로 가서 커다란 종이 뭉치를 가지고 돌아왔다. 전지 크기의 하얀 종이에는 공을 던지고 있는 투수

의 모습이 여럿 그려져 있었다.

"보크에 대해 이해를 돕기 위해 내가 그림 솜씨 좀 발휘했다. 자, 보크는 한마디로 주자가 있을 때 투수가 규칙에 어긋난 투구 동작을 하는 것을 말해. 타석에 선 타자가 아직 준비가 되지 않았는데도 공을 던지는 경우, 투수판에 중심 발을 댄 투수가 1루에 송구하려고 흉내만 내다가 그만둔 경우, 투수판에 중심 발을 댄 투수가 누를 향해 송구할 때 해당 누의 방향으로 똑바로 향하지 않은 경우, 투수판에 중심 발을 댄 선수가 주자가 없는 누에 송구를 한 경우 등과 같이 반칙투구를 했을 때 선언이 돼. 심판이 보크를 선언하면 모든 주자들은 각자 다음 누로 진루할 수 있지."

"안타를 하나 허용한 것만큼 충격이 크겠어요."

바비가 눈을 동그랗게 뜨며 말했다.

"그렇단다. 그러니까 마운드에 선 투수는 구질 못지않게 이런 반칙투구들도 신경을 많이 써야 하지."

"제구력도 신경 써야지, 공이 날아가는 속도도 생각해야지, 주자도 경계해야지, 반칙도 조심해야지, 투수들은 정말 힘들겠구나. 견제구 선수도 스트레스가 이만저만 아니겠네. 불쌍한 견제구……."

"뭐야? 견제구가 불쌍하다고?"

브라보가 펄쩍 뛰었다. 바비는 깜짝 놀라 두 손으로 입을 막았다. 혼잣말로 중얼거린다는 것이 큰 소리로 푸념한 것이었다.

"아니아니, 오빠가 하도 견제구, 견제구 하니까 무의식중에 그 이름이 입에 붙었나 봐. 그냥 투수들 이야기 하고 싶었던 건데."

"너, 한 번만 더 견제구 소리 했다가는 당장 쌍둥이 인연 끊어버릴 테니 각오해."

"아이고, 알았어요. 오라버니."

진땀을 쪽 뺀 바비가 노삼진을 재촉했다.

"또요! 또 다른 건 없어요? 한시가 급하니 얼른 수업 진행해 주세요."

하지만 노삼진은 바비의 속내를 눈치 챘는지 의미심장한 미소를 짓고 있었다.

"알겠어요, 바비 양. 빨리 다음으로 넘어가자. 부정위타자도 반칙 요소 중 하나야. 부정위타자란 원래 타석에 들어서야 하는 선수가 아니라 다른 선수가 타석에 들어섰을 때 적용되는 반칙이야. 그런데 재미있는 건 수비 팀에서 그 사실을 발견하고 어필을 해야 아웃으로 인정된다는 거야. 심판은 설사 그 사실을 알고 있더라도 수비 팀에서 어필을 하지 않으면 아웃으로 인정하지 않지."

"에이, 그런 게 어디 있어요?"

"수비 팀이 어필을 해야만 아웃을 시킬 수 있는 '어필플레이'가 몇 가지 있거든. 주자가 누를 밟지 않고 다음 누로 갔을 때도 반드시 수비수가 어필을 해야만 아웃이 되는 어필플레이가 적용되지."

"수비수들도 여러모로 신경 쓸 일들이 많네요. 날아오는 공 잡아야 하고, 주자들 진루하지 못하도록 꽁꽁 묶어 둬야 하고, 타자나 주자가 반칙하지 않는지 감시해야 하고……. 하하하."

어느새 브라보는 평소의 밝은 얼굴로 돌아가 있었다.

"자, 그럼 오늘의 질문 시간! 궁금한 것 있으면 다 물어보거라."

바비가 먼저 나섰다.

"제가 어제 야구 경기를 보다가 이상한 점을 발견했어요. 타자가 공을 치자마자 열심히 달리던 주자가 갑자기 원래 자리로 다급하게 뛰어가는 거예요. 아니, 주자가 홈을 향해 달려야지 왜 원래 있던 자리로 되돌아가는 거예요? 아웃될까 봐 겁나서 그러는 건가?"

"설마 그러겠니. 아마 그때 타자가 플라이볼을 쳤을 게다."

"맞아요. 우익수가 높이 뜬 플라이볼을 잡고 나서 그런 일이 벌어졌어요."

"혹시 태그업이란 말을 들어 봤는지 모르겠는데, 타자가 플라이볼을 쳤을 때 주자는 다시 되돌아가서 원래 있던 누를 밟아야 한다는 규칙이야. 플라이볼일 때는 수비수가 공을 잡기 전에 주자가 먼저 뛸 수 없거든. 물론 수비수가 공을 잡은 다음에는 다음 누로 뛸 수 있지. 희생플라이일 때도 수비수가 공을 잡은 다음에 3루 주자가 홈으로 뛰어 들어오잖아. 만약 플라이볼일 때 수비수가 공을 잡기 전에 먼저 뛰게 되면 그 주자는 아웃이 돼. 그러니까 다급하게 원래 있던 누로 되돌아올 수밖에."

바비가 잘 알겠다는 듯이 엄지손가락과 집게손가락으로 동그라미를 만들어 보였다.

"브라보는 질문 없니?"

"경기 중에 선수가 퇴장당할 수 있나요?"

"물론이지. 지나친 반칙을 하거나 거친 행동을 할 경우에는 주심의 판단에 의해 퇴장을 당할 수도 있단다. 어느 한쪽 팀의 반칙이나 과실로 더 이상 경기가 이어질 수 없다고 판단될 때는 몰수게임을 선언하기도 해. 경기가 끝난 것도 아닌데 상대팀의 승리를 선언하는 거야. 우리나라 프로야구에도 몰수게임이 있었단다."

"야구에는 정말 재미있는 룰이 많다는 걸 오늘 다시 한 번 느꼈어요."

브라보가 긴장하고 있던 몸을 풀기 위해 기지개를 켜며 말했다.

"브라보야, 자신감을 갖거라. 너는 아직 느끼지 못하겠지만, 처음 만났을 때에 비하면 야구 지식이 몰라보게 늘었어. 아마 야구에 관한 규칙을 몰라 야구부 입단 테스트에서 떨어지는 일 따위는 발생하지 않을 거야. 물론 네가 어떻게 노력하느냐에 따라 체력 테스트에서 변수가 생길 수도 있겠지만."

"네, 아저씨. 아저씨가 격려해 주시니까 자신감이 막 하늘을 찌르려고 해요."

브라보가 손가락으로 브이 자를 그려 보이며 웃었다. 브라보가 미소를 보이자 노삼진도 기분이 편안해지는 것을 느꼈다.

"그런데 이론으로는 알겠는데, 막상 경기에서 뛸 때는 다 잊어

버리고 당황하면 어쩌지요?"

바비의 한마디에 평화롭던 둘의 눈빛이 단박에 조각나고 말았다. 노삼진도 사실 그 점이 좀 걱정되었다.

"설마 내가 그 점을 간과하고 있겠니. 특별 이벤트를 준비하고 있으니 기대하고 있거라."

브라보와 바비는 노삼진이 준비하고 있는 특별 이벤트가 궁금해서 견딜 수가 없었다. 노삼진이 시간을 비워 두라고 주문한 이번 주말이 어서 돌아오기를 손꼽아 기다리기 시작했다.

노삼진의 야구 과외

타격방해 수비수가 타자의 타격을 방해하는 행위로, 타격방해가 인정되면 타자는 1루로 진루할 수 있다.

주루방해 수비수가 주자의 주루플레이를 방해하는 행위로, 주루방해가 인정되면 주자는 한 개의 누 이상 진루할 수 있다.

반칙타구 타자가 타석을 벗어나 타격을 하는 행위이다.

반칙투구 투수가 투구를 할 때 정해진 규칙을 어긴 행위이다.

보크 주자가 있을 때 투수가 규칙에 어긋난 투구 동작을 하는 것으로, 모든 주자들이 다음 누로 진루할 수 있다.

부정위타자 원래 타석에 들어서야 하는 선수가 아니라 다른 선수가 타석에 들어섰을 때 적용되는 반칙으로, 수비팀에서 어필해야 인정된다.

어필플레이 수비 팀에서 어필을 해야 인정되는 반칙이다.

태그업 타자가 플라이볼을 쳤을 때 주자가 원래 있던 누로 다시 되돌아오는 것이다.

몰수경기 한쪽 팀의 지나친 반칙이나 과실로 더 이상 경기를 진행할 수 없을 때 상대팀의 승리를 선언하는 것이다.

와
행운의 안타로 원아웃에 주자 만루가 됩니다.
와아
어떤 작전이 나올지 궁금합니다.

타격코치가 사인을 보내지요?
와
슥
슥
외야 쪽 플라이볼이 나오면 동점이 될 수 있는데요.
가능합니다. LG 김장외 선수는 장타력이 있는 선수입니다.
아, 긴장됩니다.
와아
쳤습니다.
딱
파울이네요.
팟

212페이지에서 계속~

08:30
LG

11

아홉 번째 수업

심판과 감독

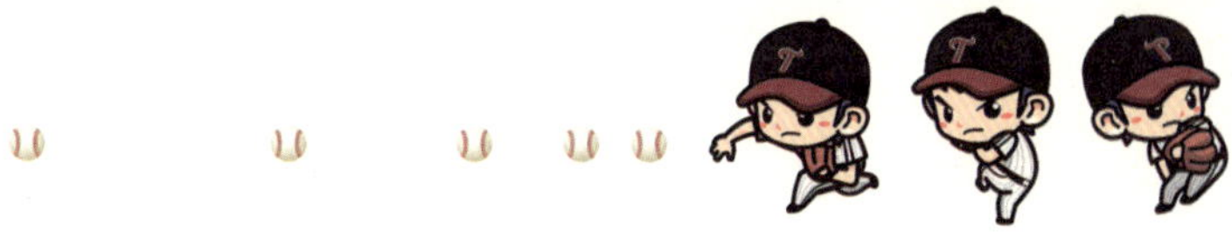

"자, 이젠 어느덧 심판과 감독에 대해 알아볼 시간이 되었구나. 적어도 공격수와 수비수에 대한 건 어느 정도 마무리가 되었다는 의미지."

노삼진이 브라보에게 요구르트를 하나 건네면서 말했다.

"아직도 좀 헷갈리는 건 있지만, 그래도 이젠 어디 가서 야구 이야기를 하더라도 주눅 들지는 않을 것 같아요."

브라보는 요구르트 하나를 단숨에 들이켰다.

"그런데 왜 혼자 왔니? 바비는?"

"오늘 좀 늦는다고 했어요. 학교에서 방과 후 수업이 있다고요."

"그게 뭐냐? 나머지 공부냐?"

"아니에요. 일종의 특별 활동이라고 할까? 그 분야에 경력이 많으신 선생님들을 강사로 초빙해서 학교 수업이 끝난 후 배우는 거예요."

노삼진이 끄덕였다.

"바비 올 때까지 기다리실 거죠? 한 10분 후면 도착할 것 같은데요."

"그러는 게 좋겠지?"

"네. 바비 기다리는 시간 동안 뭐 궁금한 거 여쭤봐도 돼요?"

"언제는 안 물어봤니? 늘 질문과 대답의 연속이었는데."

"그런 거 말고 개인적인 질문이요."

노삼진은 의외라는 듯 눈을 크게 떴다.

"그래, 한번 해 봐라. 나에 대해 뭐가 궁금했니?"

어린아이에게 사탕이라도 쥐어 준 것처럼, 브라보의 얼굴은 기쁨으로 가득 찼다.

"솔직히 아저씨 정도면 충분히 프로팀이나 실업팀 코치 정도는 하실 수 있을 텐데, 왜 야구 연습장을 운영하면서 리틀 야구단이나 야구 동호회 선수들 지도만 하시는 거예요?"

"그냥 야구를 순수하게 사랑하는 사람들과 함께 야구를 즐기고 싶은 것뿐이란다. 이젠 치열한 경쟁에서 좀 벗어나고 싶어. 또 종종 찾아오는 팬들도 함께 옛날 이야기하면서 추억을 회상할 수도 있지."

"무슨 의미인지 잘 알겠어요. 하지만 저는 야구를 제대로 배워서 프로야구 선수가 되는 게 꿈이에요."

"그래, 그건 정말 멋진 꿈이란다. 나도 프로야구 선수였던 시절을 생각하면 왠지 꿈같아. 내가 그렇게 인기가 많은 사람이었는지, 내가 그렇게 유명한 사람이었는지 실감이 나질 않거든."

그때 바비가 헐레벌떡 뛰어왔다. 숨이 턱까지 차오르는지 인사도 나누지 못한 채 의자에 털썩 주저앉았다.

"어디까지 진도가 나간 거예요?"

"아직……."

"우리 수업 다 끝났는데."

브라보가 얼른 노삼진의 말을 가로막으며 장난을 걸었다.

"정말이요? 오늘 수업 꼭 듣고 싶었는데."

"그러게 좀 빨리 오지 그랬어. 너 기다리느라고 나와 아저씨가 황금 같은 시간을 허비할 수 없잖아."

"그래도 너무들 하시네. 의리 없이 나만 빼놓고……."

바비의 얼굴이 울상이 되었다.

"그럼 브라보야, 우리 눈 딱 감고 인심 한번 쓸까? 수업 다시 한 번 하지 뭐."

"정말이요?"

울상이었던 바비의 얼굴에 금세 화색이 돌았다.

"그러지요 뭐. 동생을 위해서 이 한 몸 기꺼이 희생할게요."

브라보는 슬쩍 노삼진을 쳐다보며 한쪽 눈을 찡긋 감았다. 노삼진이 터져 나오는 웃음을 참을 수 없는지 급히 손으로 얼굴을 가렸다.

"오늘은 야구 경기에서 감독과 코치, 그리고 심판의 역할에 대해 이야기했어. 브라보야, 감독은 어떤 역할을 한다고 했지?"

"게임을 전체적으로 책임지면서 선수들을 지휘하는 사람이지요."

옆에서 바비가 아무 말 없이 고개를 끄덕였다.

"그럼 코치는?"

"감독이 지시하는 사항을 수행하는 사람들이지요. 선수들을 지도하기도 하고요."

'오, 제법인걸.'

노삼진은 갑자기 장난을 더 치고 싶어졌다. 그래서 질문의 강도를 높이기 시작했다.

"그럼 한 팀에서 필요한 코치는 누구누구가 있을까?"

"음, 뭐 타격코치랑, 투수코치, 또 주루코치, 수비코치……."

브라보는 말끝을 흐리며 노삼진의 눈치를 살폈다. 노삼진은 맞았다는 의미에서 고개를 한 번 끄덕여 보였다.

"잘 기억하는구나. 이렇게 짜인 코치진을 코칭스태프라고 한다고 했지? 그런데 코치 중에는 선수를 겸하는 사람들도 있다. 이런 사람들은 플레잉코치라고 하지. 물론 선수를 겸하는 감독을 부르는 말도 있어. 바로 플레잉매니저. 그런데 플레잉코치는 종종 찾아볼 수 있는데, 플레잉매니저는 좀처럼 찾아보기 힘들단다."

노삼진이 한마디씩 할 때마다 브라보는 머리카락이 주뼛 설 정도로 긴장이 되었다. 도대체 언제 어떤 질문이 던져질지 도무지 알 수 없기 때문이었다. 무모한 장난을 시작한 것이 새삼 후회스

럽기까지 했다.

“코치 중에서 우두머리 코치를 수석코치라고 하지요?”

“아, 깜짝이야!”

갑작스런 바비의 질문에도 가슴이 덜컹 내려앉을 정도로 브라보는 긴장하고 있었다.

“왜 이리 놀라? 꼭 죄지은 사람처럼.”

“바비 말이 맞아. 수석코치는 감독과 함께 선수 명단이나 타순, 선발 투수 등을 논의하고 결정하는 역할을 하지.”

이번에는 노삼진이 브라보를 향해 한쪽 눈을 찡긋 감았다. 자신이 알아서 잘 할 테니 너무 걱정 말라는 의미였다.

"자, 이번에는 심판에 대해 이야기해 볼까? 주심, 1루심, 2루심, 3루심을 합쳐서 뭐라고 한다고 했지?"

노삼진이 브라보를 향해 손가락 네 개를 펴 보였다. 그러나 브라보는 눈치를 채지 못하고 꿀 먹은 벙어리인 양 아무 대답도 하지 못했다.

"아, 맞다! 내가 깜빡 잊어버리고 그 얘기는 안 해 줬구나. 네 명의 심판을 가리켜 4심이라고 부른단다. 포수 뒤에 서 있는 심판이 주심인데, 주심은 경기를 진행시키고 중요한 판단을 내리는 역할을 하지. 경기 시작도 주심이 선언하는 거야. 누심, 즉 1루심, 2루심, 3루심은 각자 자기가 맡은 누에서 일어나는 일을 판단하는 역할을 해. 이들 외에 좌익선상과 우익선상에서 외야에 떨어진 타구를 판단하는 역할은 선심이 한단다."

브라보가 슬쩍 바비 눈치를 살폈다. 바비는 여전히 눈치를 채지 못한 듯 야구 수업에 푹 빠져 있었다.

"오늘은 여기까지!"

말이 떨어지기가 무섭게 브라보 입에서 안도의 한숨이 흘러나왔다. 가볍게 시작한 장난이 이렇게 무거운 짐이 되어 마음을 짓누를 줄은 미처 몰랐다.

"오빠 고마워."

바비가 갑자기 한 팔로 브라보의 목을 꽉 끌어안으며 말했다.

"뭐가?"

"날 위해서 기꺼이 다시 한 번 공부했잖아. 정말 고마워. 아저씨도 정말 감사드려요. 오늘은 두 배로 힘드셨겠어요."

순간 노삼진과 브라보는 눈을 마주친 채 아무 말도 하지 못했다. 집으로 돌아가기 직전 브라보는 노삼진 곁으로 가서 속닥거렸다.

"아저씨, 두 번 다신 거짓말 못해 먹겠어요."

그러자 노삼진도 덩달아 속삭였다.

"그러게 말이다. 거짓말도 타고난 끼가 있어야 할 수 있나 보다."

노삼진의 야구 과외

감독 한 팀을 전체적으로 책임지면서 선수들을 지휘하는 사람이다.

수석코치 코치 가운데 우두머리를 가리킨다.

코칭스태프 감독이 지시하는 사항을 수행하는 사람들로, 타격코치, 투수코치, 주루코치, 수비코치 등으로 나뉜다.

플레잉코치 선수를 겸하는 코치이다.

플레잉매니저 선수를 겸하는 감독이다.

4심 주심, 1루심, 2루심, 3루심을 합쳐서 부르는 말이다.

주심 경기를 진행시키고 중요한 판단을 내리는 심판이다.

누심 각 누에서 벌어지는 상황을 판단하는 심판이다.

선심 외야에서 벌어지는 상황을 판단하는 심판이다.

와아
차아악
공이 높은데요.
타자, 방망이
나갑니다.
딱
오, 큰데요!
우익수 쪽으로
날아갑니다.
홈런!
와아
결정적인 순간에
만루 홈런이
나오네요.

228페이지에서 계속~

08:30

12

열 번째 수업

우리나라의 프로야구

보통 방학이 다가오면 세상을 다 가진 듯 마음이 넉넉해지고 기대감으로 가득차곤 했다. 하지만 오늘은 달랐다. 이제 곧 야구 수업을 마치고 야구 방학을 맞이할 텐데, 브라보의 마음은 어느 때보다 편치 않았다. 마음이 무거운 듯 하면서 뻥 뚫린 것처럼 허전하고, 슬프면서도 설레기도 한 이상한 느낌이었다.

"오늘 표정 참 이상하네. 도대체 왜 그래?"

"글쎄, 나도 잘 모르겠네. 마지막 수업이여서 그런기?"

"하긴 나도 기분이 좀 그래. 야구 수업을 떠나서 아저씨랑 정이 많이 들어서 그런 것 같아."

"더 이상 안 놀러 올 셈이냐?"

어느새 나타난 노삼진이 양 손으로 브라보와 바비의 어깨를 탁 쳤다.

"에구머니! 깜짝 놀랐잖아요."

"오늘이 마지막 수업이라고 우리가 만나는 마지막 날은 아니지 않니."

노삼진도 내심 마지막 수업이 아쉽던 참이었다.

"앞으로도 자주 놀러 오거라. 내가 너희에게만큼은 특별히 트윈스 야구 연습장 평생 무료 이용권을 줄 테니까."

"정말이요? 우아!"

브라보가 환호성을 터트렸다. 그러더니 갑자기 주뼛주뼛 말을 걸어왔다.

"주시는 김에 하나만 더……."

"뭔데?"

"제 개인 타격코치님이 되어 주시면 안 될까요?"

"음, 오늘 공부하는 것 보고 결정하겠다. 하하하."

노삼진이 사람 좋아 보이는 웃음을 지었다.

"오늘은 우리나라 프로야구에 대해 이야기할 차례야. 프로야구 좋아하니?"

"물론이지요!"

브라보의 목소리가 저절로 커졌다.

"야구 없이는 못 살아. 정말 못 살아."

옆에서 바비도 덩달아 신이 나 엉터리 노래까지 불러 댔다.

"네가 언제부터 야구를 그렇게 좋아했다고? 내가 야구 보고 있으면 지겨워 죽겠다고, 도대체 언제 끝나느냐고 투덜대기 일쑤였잖아."

"칫, 그건 옛날 얘기지. 지금은 야구 마니아가 되었단 말이야. 이젠 프로야구도 꼬박꼬박 챙겨 볼 거라고."

"그래, 프로야구를 챙겨 보려면 오늘 배우는 내용을 꼭 알아야 할 게다. 미국의 메이저리그 같은 경우는 내셔널리그와 아메리칸리그라는 양대 리그로 구성되어 있는데, 그조차 각각 동부 지구,

중부 지구, 서부 지구로 나뉜단다. 일본 프로야구도 센트럴리그와 퍼시픽리그, 두 개의 리그도 나뉘지. 그런데 우리나라 프로야구는 단일 리그야. 하나의 리그에서 8개의 팀이 각축을 벌이지."

"그럼 순위는 어떻게 정해지나요?"

"우선 8개의 팀이 페넌트레이스, 즉 정규 리그 동안 133경기씩 치르게 된단다. 정규 리그를 치르면서 순위가 정해지면 1위에서 4위까지가 포스트시즌에 참가할 자격을 얻을 수 있지. 이중에서 3위 팀과 4위 팀이 준플레이오프를 치러 승부를 가리고, 여기에서 이긴 팀은 정규 리그 2위 팀과 플레이오프를 치르지. 다시 여기에서 이긴 팀은 정규 리그 1위 팀과 한국시리즈를 통해 진정한 챔피언을 가린단다."

"이왕이면 메이저리그와 일본 프로야구는 어떻게 우승팀을 가리는지 알려 주시면 안 돼요?"

브라보가 눈을 반짝였다.

"안 될 거야 있나? 메이저리그는 양대 리그로 구성되어 있는데 우선 각 리그에 속한 팀끼리 승부를 벌인단다. 각 리그는 동부, 중부, 서부로 나뉜다고 했잖아. 만약 동부 지구에 속한 팀이라면 같은 동부에 속해 있는 팀과도 경기를 치르고 중부 지구나 서부 지구에 속한 팀들과도 경기를 치러 승률에 따라 순위를 정한단다.

그렇게 해서 각 리그에서 1위 팀을 뽑아 월드시리즈를 치르는 거지."

"월드 시리즈는 미국뿐만 아니라 전 세계 야구 팬들의 관심이 집중되잖아요."

"물론이야. 최고의 야구스타들이 등장하니까."

브라보는 머릿속에 월드시리즈에 주전 선수로 나선 자신의 모습을 그려 보았다. 그러고는 곧 피식 웃었다. 절대로 이루어질 수 없는 꿈인 것만 같았다.

"일본 프로야구에서는 각 리그의 3위 팀까지 포스트시즌에 진출해서 2위와 3위의 승자가 1위와 경기를 치른단다. 그리고 여기에서 승리한 팀은 일본시리즈에 나가 우승을 가리게 되지."

"그럼 시범 경기라는 건 뭐예요? 스포츠 뉴스에서 얼핏 들어 본 것 같아서요."

바비가 불쑥 물었다. 초반에는 장난스럽게 야구 이야기를 나누던 바비도 제법 야구 수업에 임하는 자세가 진지해졌다. 불과 며칠 만에 놀라운 변화였다. 그런 쌍둥이 동생의 모습이 뿌듯한지 브라보가 나섰다.

"응, 그건 정규 리그가 시작되기 전에 말 그대로 시범적으로 경기를 해 보는 거야. 대체로 정규 리그가 시작되기 직전인 3월에

열리지."

"1군이다 2군이다 뭐 그런 말도 있던데, 그건 또 뭐야?"

"아주 좋은 질문이야. 2군은 후보 선수 정도로 생각하면 돼. 그런데 2군 선수라고 매일 2군에 머무는 건 아니야. 1군이었던 선수가 컨디션이 안 좋아 2군으로 내려가는 경우도 있고, 2군이었던 선수가 가능성이 엿보여 1군으로 올라서는 경우도 많지. 1군이었던 선수가 부상을 당한 뒤 컨디션을 회복하는 동안 2군에서 경기를 치르는 경우도 있어. 계속 쉬면 경기 감각을 잃게 되니까."

노삼진은 브라보의 말투와 표정이 자신과 너무 비슷해 웃음이 터져 나오려고 했지만 겨우 참아냈다. 아이들의 진지한 토론을 방해하고 싶지 않아서였다.

"스프링 캠프는 또 뭐야?"

어느새 바비의 질문은 브라보를 향하고 있었다.

"프로야구 팀들이 이른 봄에 날씨가 따뜻한 곳에 가서 집중적으로 훈련하는 것을 말해. 우리나라는 이른 봄에 날씨가 쌀쌀하니까 주로 날씨가 따뜻한 다른 나라로 가서 훈련을 하지. 말 나온 김에 스토브리그라는 것도 가르쳐 줘야겠군. 스토브가 무슨 뜻이지?"

바비가 쭈뼛거리자 브라보는 팔짱을 끼며 한숨을 내쉬었다.

"야구를 알려면 영어도 좀 알아야 하는데……. 아무튼 스토브란 난로라는 뜻이야. 스토브리그는 한마디로 프로야구 시즌이 끝난 후에 난롯가에 모여 앉아 이야기를 나누는 것을 말해. 이때 주로 등장하는 화젯거리는 뭐니 뭐니 해도 연봉 협상이나 트레이드 같은 선수 동향이나 다음 시즌에 대한 것들이지."

"우아, 오빠 진짜 전문가 같아."

"며칠 동안 열심히 공부했더니 이젠 야구가 좀 보이네."

말을 마친 브라보가 곁눈질로 노삼진을 쳐다봤다. 브라보의 얼굴에는 혹시나 틀렸으면 어떡하나 싶은 걱정으로 가득했다. 노삼진이 브라보를 향해 엄지손가락을 들어 보이자 그제야 브라보의 얼굴이 환해졌다.

"홈팀과 원정팀, 홈경기와 원정경기에 대해서는 첫날 이야기했으니 생략하마. 야구팬이라면 KBO에 대해서도 알아둘 필요가 있다. 'Korea Baseball Organization', 즉 한국야구위원회의 약자거든. 이 기구에서 우리나라 프로야구를 총괄한단다."

"그런데 아저씨, 이건 정말 단순한 질문일 수도 있는데요, 프로야구와 아마야구는 뭐가 다른 거예요?"

예상치 못했던 질문에 노삼진은 잠시 주춤했다.

"아, 그건 말이야. 프로야구는 흥행을 목적으로 행해지는 야구를 말해. 그러니까 프로야구 선수들은 직업선수들이지. 아마야구는 상업적인 흥행과는 거리가 먼 실업야구라든지, 대학야구, 고교야구 같은 것을 말하지."

"그럼 제가 홍진초등학교 야구부에 들어가면 아마추어 야구 선수가 되는 것이네요."

"그렇지. 하하하!"

셋은 큰 소리로 유쾌하게 웃었다.

"그런데 말이에요, 이번 주말에 할 일이 있다고 시간 비워 두라고 하셨잖아요. 도대체 뭘 할 건지 얘기해 주시면 안 돼요?"

"안 돼. 비밀이거든. 그럼 일요일 오후 4시까지 잠실야구장 앞으로 오거라. 절대로 늦으면 안 된다."

약속 장소가 '잠실야구장'이라는 말에 브라보와 바비는 비밀의 정체를 어느 정도 눈치 챌 수 있었다. 전설의 야구 선수 노삼진과 함께 야구를 관람하다니, 정말 믿을 수 없는 일이었다.

노삼진의 야구 과외

프로야구 흥행을 목적으로 행해지는 야구를 말한다.

단일 리그 프로야구 팀이 하나의 리그에서 경기를 치르는 것이다.

양대 리그 프로야구 팀이 두 개의 리그로 나뉘어 경기를 치르는 것이다. 메이저리그와 일본 프로야구는 양대 리그로 구성되어 있다.

페넌트레이스 모든 팀이 정해진 경기 수를 치르는 정규 리그이다.

포스트시즌 정규 리그가 끝난 다음 우승팀을 가리기 위해 치르는 경기를 말한다.

준플레이오프 정규 리그 3위 팀과 4위 팀이 플레이오프에 진출할 팀을 가리는 경기이다.

플레이오프 준플레이오프에서 승리한 팀과 정규 리그 2위 팀이 한국시리즈에 진출할 팀을 가리는 경기이다.

한국시리즈 플레이오프에서 승리한 팀과 정규 리그에서 우승한 팀이 치르는 챔피언 결정전이다.

시범 경기 정규 리그가 시작되기 전에 말 그대로 시범적으로 하는 경기이다.

스프링 캠프 이른 봄에 날씨가 따뜻한 곳에 가서 집중적으로 훈련하는 것을 말한다.

스토브리그 프로야구 시즌이 끝난 겨울에 선수들의 동향이나 다음 시즌에 대해 이야기를 나누는 것이다.

KBO – Korea Baseball Organization, 즉 한국야구위원회의 약자로 우리나라 프로야구를 총괄하는 기구이다.

이타연 선수, 타석에
들어섭니다.
와
딱
이번 것도
큰데요
랑데부 홈런이
나오네요.
와아
네, 이타연 선수의
홈런으로 점수는
7대 3이 됩니다.
와
와
와

얘들아, 재미있니?
와
정말 짜릿해요.
최고예요, 최고!
그냥 이론으로만 배우던 거랑 다르지?
그런 것 같아요.
바비는 어떠니?
저도요. 잘 이해가 안 갔던 부분들도 싹 해결되고요.
우리 이제 야구장에 자주 오자.
그래, 주말마다 야구장으로 나들이 가자고 하자.

아저씨도 같이 와요.
시간이 되면 같이 오마.
우와, 정말이요?
대신 한 가지 부탁할 게 있다.
야구를 진심으로 아끼고 사랑하는 진정한 팬이 되기! 할 수 있겠니?
네!

끝

야구와 함께하는 즐거운 인생을 위해